비움과 이룸
그리고
상위 1%의 기적

숲에서 찾은 푸른 선물

비움과 이룸
그리고
상위 1%의 기적

차갑수 에세이

건강신문사
kksm.co.kr

머리말

숲에서 찾은 푸른 선물

사람 사는 이야기로 수필이 으뜸이다. 허구나 상상을 첨가하지 않고 진동을 주는 글이다. 사람이 사는 모습을 쓸 때가 나는 그냥 좋다.

문학이란 일상의 경험을 가치 있는 언어를 빌려서 글자라 하는 무늬를 그리는 일이다. 꾸준히 수필을 종교처럼 일삼아 써 왔다.

원고가 꽤 많이 쌓여 있다. 한 해 한 해, 그 때 그 때 생활의 모습을 쓰곤 했는데, 오래 묵혀 내용의 신선도가 떨어질까 염려가 생겼다. 작업에 들어갔다. 다시 읽기 하며 만감이 교차했다. 작품 중 엄선하여 가장 나다운 풍경을 담은 글로 선별하였다. 작가가 원고를 정리한다는 것은 생애 중에 벌어놓은 정신세계를, 독자들께로 돌려드리기 위한 작업이다.

금고 속의 재산을 세상 밖으로 풀어놓는 일이다. 이제부터는 저자의 글이라기보다는 독자들의 것이었으면 좋겠다. 기쁨과 슬픔에 대해서 모르고는 인생을 살아갈 수 없듯이, 인생은 늘 되풀이의 연속이었다. 앞으로 다시 만나지 못하는 환경과 다시 해볼 수없는 실전을 담았다. 늘 새로운 것을 꿈꾸었다. 누구나 손에 들면 얼른 읽고 싶은 맘이 들도록, 작은 책으로, 크지 않고 두텁지 않은 책으로 만들고 싶었다, 우리가 살아가는 동안에 생기는 모든 어려움들이 다 지나가는 인생의 한 때이므로 언젠가는, 누구나에게 인생의 반전이 일어날 수 있음을 전하자는 것이 저자의 뜻이다.

인생은 누구나가 소설을 쓰며 산다. 나의 여정도 그랬다. 원래 세상일이란 한 가지 일이 다른 일로 이어지는 연속선상이다. 생각만 많은 건 소용없는 낭비다. 궁지에 몰리면 계획을 세우게 된다. 행동을 해야 인생주인의 맛이 짜릿해 진다.

나는 한 때 단란한 집안의 해였다. 느닷없이 먹구름을 만나고부터 치열한 생활의 굿판에서 날뛰었다. 생활과 나 사이에서 일어나는 미묘한 갈등을 견디며 또 다른 체험을 했다.

뿌린 대로 거둔다는 이치는 절대 진리다.

너도 나도 제 3의 상위 1%의 주인으로 등장하기를 바라는 마음으로…

2017년 1월

저자 차갑수

차례

2부

3부

4부

5부

1부

산소를 먹는 기술

덕유산 구름을 이고

산림욕장의 선물 피톤치드

동행, 현장 스케치

참새방 사람들 그 여름날의 설악 축제

주왕산, 그 신비의 흔적

詩語 같은 철쭉산, 일림산

명품 마을

라스베가스

산소를 먹는 기술

—산사랑, 숲사랑

현대미술관 옥상에서 천지를 휘둘러 보면 사방팔방 그림이 온통 산과 숲이다. 앞자락은 관악이요 뒤로 앉은 산은 청계다. 높고 낮은 능선으로 띠를 두른 산. 때 마침 분홍노을이 산등을 타고 잿빛구름과 뒤엉켜 찬연하기 그지없다. 산천의 빛깔이 위용을 부린다.

현대인은 스마트폰에 맘을 빼앗겨 고개를 뒤로 젖힐 새가 없다. 그러나 숲길로 가면 눈과 귀를 씻어주는 꽃과 새들의 노래, 바람소리 물소리가 있다. 별과 달, 햇살과 구름이 뽐내는 하늘을 본다. 숲 냄새가 코를 찌른다. 바람이 등줄기 땀을 식히며 달아난다. 시원함이 그리 좋을 수 없다.

산길에서 스적이는 사람과 사람 사이, 나그네가 풍기는 미소가 숲을 닮았다. 자연에게 순응할 줄 알면 깨우친 사람이라 한다. 경쟁 없고 차별 없는 길 위에 선 사람들, 자신의 시계바늘이 시키는 대로 걸어가면 되는 숲길이다. 생존의 현실에서 쫓기던 사람들이 운동화를 찍어대는 산은 뭇사람들 일손을 놓게 한다. 휴식이 에너지 충전이다. 아무 생각 없는 상태로 몸이 호사를 부리기에 적당한 쉼터다. 무겁던 세속의 어리석음이 바람 한 자락에 달아나고, 마음가닥이 추슬러진다. 산은 그렇게 사람을 품어 주는 곳이다. 인생의 지침이 어디에 따로 있으랴. 세월이 흘러도 산과 숲은 늘 제 자리에 있다. 우리 모두를 반겨주는 산은 그래서 더욱 사랑할 수밖에 없다. 아름답다. 숲이 뿜어내는 산소는 우리의 호흡과 직통하는 생명줄이다. 무슨 보약으로 혈관의 피를 원활히 돌게 하겠는가. 건강한 삶을 위한 즐겨찾기로 산 문화, 숲 문화의 공간은 단연 으뜸이다.

나는 건강문제로 울컥 할 때가 있다. 하면 얼른 알아차려 치유의 길, 숲으로 간다. 나무는 흔들림으로 인사를 준다. 숲에 서면 정신의 몸살 우울감이 사라진다. 땀과 함께 흘러내린다. 근육은 힘을 내고 가슴은 평화를 얻는다. 때때로 숲이 '너는 잘 살아낼 수 있어' 용기를 실어주는 듯하다. 각지고 모진 사회 속에서 숲은 내가 선택한 마음의 의사다. 항상 신선한 기운을 주기만 하는 효과 있는 처방지로, 신이 내게 허락한 하늘 아래 큰 선물, 사색의 약, 특별한 치료제다.

숲은 만나면 반드시 끌리는 인연의 친구 된지 오래다. 걷기 운동의 고정채널이 되었다. 내 안에 낀 먼지를 털고 건강하고 싶어 찾아 간다.

숲은 그렇게, 삶의 고단함과 심신의 피로를 풀게 한다. 산천경계에 취하라는 메시지를 전한다. 숨통을 트이게 하는 곳으로 자연강장제와 마찬가지다. 긍정의 힘이 솟게 하는 숲을 나는 사랑한다. 몸과 맘의 근육을 단단히 조이게 하여, 육체를 굳세게 하고 정신의 안정을 주는 숲. 홀로 나를 사랑해야 할 때면 밀실 같은 터널 숲으로 간다. 자존감을 뒤적여 나를 칭찬하기로 참 좋은 장소다. 생활의 의미를 바르게 보게 하는 지름길이다. 돈 안들이고 에너지를 채워오는 곳. 팻말이정표를 따라가 자신의 의지력을 시험하는 노천수련장이다.

억겁의 해를 묵혀 숙성한 산중의 장 맛 같아서 내 정서와 잘 어울리지 싶다.

후두둑 떨어지는 소나기와 미풍에 나무들이 촉촉하다. 행복을 보탠다. 오늘이 그랬다. 산길 모퉁이를 휘돌아 하염없이 걸었을 뿐인데, 굵은 빗방울은 큰일 하나 치른 듯이 방금 전이 과거로 돌아선다. 내 발자국이 어느새 저만치였다니…

청계산은 돌 없이 숲 푸름이 청청하다 하여 청계산이란다. 산과 숲은 찰떡궁합이다. 초록은 짙다 못해 찰지다. 그냥 좋다. 속담에 '여름 장마에 돌도 큰다' 했다. 하물며 나무들이야 말해 무엇 하랴. 온갖 나무들이 다투어 목덜미를 곧추 세운다. 땅 속의 기운을 한껏 끌어 올린다. 나무는 저마다 몸통을 키우고 나이테를 두르며 살을 찌운다. 쭉쭉 뻗는다. 홍수를 막아내고 재목으로의 쓰임은 천 날 백 날 표현해도 모자란다. 나무를 아끼고 보존할 이유는 수만 가지다. 나무사랑은 말이 필요치 않다. 너와 나, 국민 전부가 관심을 기울여 가꾸고 지켜내야 할 인류의 재물이다. 인류에 이익만을 베푸는 계산될 수 없는 거대한 보물이다. 숲의 위대함은 몇 줄의 글로 요약할 수 없듯이, 우리가 행동으로 보호해야 할 가장 엄중한 재산이다. 과학을 요란하게 떠들어도 인간은 늘 자연 앞에 복종하고 숙연할 수밖에 없다. 숲의 완성은 결국 사람이 그 해답을 만들어 가야 한다. 천재지변도 사람의 능력으로 예방할 수 있다 하지 않던가. 온갖 생태계와 사람의 공존하는 숲의 세계는 지구인의 휴식처다.

약수터 웅덩이에서 개구리가 목청을 낸다. 어린이가 물끄러미 본다. 활력이다. 땅 위로 불끈 내민 뿌리가 힘센 청년의 근육 같다. 발가락 말초신경부터 뇌신경 세포까지 작용을 한다. 뿌리의 역할이 사람들 지압하기로 최고의 운동기구다. 자연과 사람은 아름다운 관계 그 이상으로 체력을 보강시킨다. 백미로 꼽힌다.

우리 집 뒷산에 솔숲 사이 오솔길이 있다. 나는 단장 짚고 햇살 이고 숲길로 간다. 공산에 바람조차 일지 않는데 누워 가는 내 그림자 나무 그림자 나란히 걷는다. 싸늘한 낮달이 솔가지 끝에 걸린 듯하고, 푸드득 산새가 앞에서 논다. 다람쥐가 길동무 삼아주어 조용히 자연과 소통하는 순간이다. 기분이 맑아진다. 상쾌함에 절로 흥이 난다. 녹음방초 벗되어 끝 간 데 없이 축복을 누린다. 가까운 숲이 천리 길 무릉도원 못지않다. 경쾌하다. 마치 느린 시계바늘이 돌아가듯이, 여행 같은 재미로 와 닿는다. 숲은 사람이 다녀야 길이 난다. 오고 가는 산사람이 존재하지 않으면 잡초가 우거진다. 숲길에 발품을 팔아 근육을 사고 녹스는 정신에게 기름을 칠한다. 때로 바빠서 찾지 못해도 숲은 나를 기다려준다. 산길숲길, 그 매력에 이끌려 건강을 저축한다. 숲 사랑이 운동공식이다.

새벽이면 거실 밖으로 태양이 불끈 솟는다. 청계산 계곡에서 붉은 광채가 난다. 일출의 눈부심에 정신을 팔고 손뼉을 친다.

산은 사계절 옷을 갈아입는다. 봄은 새순을 돋아 생명의 잔치를 베풀고 여름은 과실을 익혀서 가을은 풍요로 보답한다. 겨울 산은 하얀 속살이 아름답다.

산신령 같은 산삼이랑 온갖 버섯들, 그 넉넉함을 사람이 받아먹고 산다. 산은 생활과 연결되는 휴머니즘이다. 보이 것마다 영혼을 자극시켜 느낌이 닿는다. 이만하면 천국의 통로하고 장담해도 되지 않겠는가. 어디에서 무아를 찾겠는가. 백지 같은 머릿속, 내가 가장 빛나고 가장 나다운 때 기분이 최고치로 상승한다. 정서의 부자가 된다. 산 스토리는 특별한 추억으로 분리시켜 가슴에 저장한다. 사람과 산의 조화는 외면하지 않고 동행할 때이다. 산책길은 언제나 인파가 끊이지 않는다. 나그네 얼굴에서 건강이 흐른다. 남녀노소 다함께 쉬어가면 평화를 누린다. 산사람은 산의 순수를 닮아가기 바쁘다.

청계산은 빼곡한 숲의 어울림이 걸작이다. 숲이 바람에 흔들리면 악기처럼 강약의 리듬을 낸다. 숲의 소리는 자연이고 과학이고 예술이다. 숲의 변화는 천 개의 얼굴처럼 변화무쌍함을 연출한다. 자랑 자랑해도 넘치지 않는다, 사람은 산을 이기지 못하지만 산 또한 사람이 봐주지 않으면 무슨 소용이겠는가. 우리의 산은 국가와 국민의 귀중한 재산목록 중 하나다. 산과 숲은 삶의 무대로 손색이 없다.

해질 녘 걷기는 일상이 되었다. 산속의 해 걸음은 서둘러 어두워진다. 길섶 정자에 앉으니 하나 둘 별들이 빛을 쏟아낸다. 저 멀리 청계산 최고봉에 불씨 하나가 깜빡거리다, 등산객 안내등인가 싶었는대 찰나에 둥근 달이 몸통을 드러낸다. 달구경에 마음이 젖는다. 섬세하게 묘사할 길이 막막하여 가슴이 안절부절, 저리 고운 달의 광채를 자랑 못하면, 두고두고 후회되지 싶어 모자란 대로 지금 이렇게 쓴다. 산하를 비추는 별들의 총총함과 달의 조화는, 하늘이 태동하여 빚은 생명의 잔치 같다. 마음이 온통 별빛달빛으로 물든다. 여인의 속적삼 같은 몽환적 달 풍경이다. 걸음걸음이 축제다. 각별한 홍분을 일으켜준 자연의 섭리를 닮고 싶단 생각이 든다. 하늘의 푸른빛은 더욱 기승을 부리며 가히 숨죽인 장관으로 치닫는다. 세상에서 가장 귀한 것은 별이고 꽃이고 사랑이리라. 때를 맞춰 겸상을 차리듯이, 서울랜드에서 쏘아 올린 오색영롱한 불꽃쇼까지… 숲길에 나앉아 마냥 사치를 부린다. 행복을 어디에서 찾으려 하겠는가. 그냥 좋다. 누군가 나에게 인간적인 매력을 갖춘 것이 뭐냐고 묻는다면, 그것은 우선 무엇보다도, 사람이 걷기에 편리함을 전제로 만들어진 길이어야 한다고 대답하리라.

산은 오르면 내려오고 내려오면 또다시 오르게 한다. 산을 탄다는 것은 체력을 키워가는 수순 밟기다. 사람의 일생이 여정이듯이 산도 숲도

계절도 함께 순환한다. 사람이 똑같은 일을 하면 재미없듯이 산 또한 철철이 제몫이 따로 있다. 산이 산사람을 불러들인다. 몸을 역동적이게 하며 혈관 속 찌꺼기를 청소시킨다. 봄의 산은 진달래가, 여름 산은 초록이, 가을산은 단풍으로, 겨울산은 나목으로 그리고 사람은 땀방울로 건강을 결정한다. 산도 사람도 계절의 몸살을 앓고 나야 건강해 진다. 사람과 산은 함께 돌고 도는 동그라미다. 결국 하나인 셈이다. 사계절의 산은 그래서 평등하고 홍미롭다.

대한민국의 산은 길이길이 영원불멸, 산사람이 믿고 기대는 든든한 산. 산사람은 공중도덕심을 기본적으로 가지고 있다. 산에 쓰레기를 버리거나 야외 취사를 하는 일은 사라진지 오래다. 앞사람의 걸음 속도를 방해하거나 비집고 끼어드는 일도 없다. '먼저가십시오', '안녕하세요' 타인들끼리도 스스럼없이 인사를 나눈다. 산에서의 양보와 원칙은 서로 알아서 챙긴다. 빨리 보다는 바르게 오르내리는 경로의 방향을 잡아주는 묵시록 같다. 산은 어쩌면 생활의 속도를 조절하게 하고 건강을 끌어올리는 침묵의 리더다. 하늘이 살피고 땅이 키우는 산과 숲은 사람이 지켜낸다. 산사랑에는 계절이 따로 없다. 산에 눈이 멀고 나니 보이는 것마다 산이다. 동쪽에서 해가 뜨고 서쪽으로 기울듯이, 산에서 질서의식 존중에 문제 삼는 사람은 없다. 산에서 잘 논다는 것은 내가 무엇을 즐겨하는지 그 의미를 안다는 것이다. 산과의 소통은 조건 없는 건강의 약속이다. 산의 침묵을 알아갈수록 나도 따라 말수가 잦아든다. 산의 침묵을 외면하고 섣부르게 행동하면 사고의 위험이 커진다. 산행에는 욕심이 금물이다. 채우는 것이 아니라 비움이고 나눔을 배우게 한다. 산이 높다고 반드시 명산이 아니다. 산은 머물다 떠날 때 흔적의 남김이 없어야 아름다운 산행이다. 산을 아는 것은 자신의 발견이며 산과의 동행은 자신을 향한 도전 그리고 산을 이기는 것은 자신의 승리다. 영혼에 나이가 없듯이 산에도 나이가 없다. 영원한 젊음뿐이다.

운을 얻으려면 공을 들여야 오듯이 산을 얻으려면 내공을 쌓아야 한다. 우리나라처럼 전국방방곡곡으로 크고 작은 산과 숲이 아름다운 나라가 드물지 싶다. 마을마다에 작은 산 하나쯤은 거느리고 있다. 팔도강산에 우뚝한 한국의 산은 마음만 먹으면 어디든 선뜻 나설 수가 있다. 미국을 다녀온 적이 있는데 동네에서 산을 찾아가기가 쉽지가 않다. 동네 따로, 산 따로, 마트 따로, 시내 따로 등등 이런 모양새다. 자동차가 아니면 도저히 움직일 수 없는 거리여서 많이 불편하단 생각이 들었다. 산을 좋아하는 나는 도보로 갈 수 있는 산행을 제일로 친다. 물론 설악산이나 월악산처럼 멀리 있는 산행은 반드시 자동차를 이용한다.

산사랑, 숲 사랑은 사는 날까지 이어질 것이다. 지척의 산은 생활이고 멀리 있는 산은 꿈의 대상이다.

수리산에 갔는데 임도가 아주 잘 되어있다. 입구에 산악자전거 팀들이 줄지어 섰다. 나이와 상관없는 연령층들이었다. 리더가 출발 신호를 보내니 일제히 페달을 밟는다. 숲과 숲 사이 길에서 자전거 수 십 대의 바퀴가 굴러 간다. 경쾌한 차림의 동호인들 표정이 여간 밝다. 취미생활을 즐기는 사람들이다.

우리나라 산천 곳곳으로 임도가 늘어나는 추세다. 임도가 생기므로 하여 산길이 달라지고 있다. 예전에는 걸을 수 없던 수풀 속에 길이 뚫리고 있다. 걸어서만 다니던 숲길이 자동차도 다닐 수 있게 되었다. 시골 촌락의 사람들이 산 너머 장에 가려면 3일씩 걸리던 시장 길이, 이제 자동차로 반나절이면 거뜬하단다. 생활하기에 편리해진 임도 덕분이란다. 삶을 바꾼 것은 숲으로 난 길 때문이다. 차츰 임도의 중요성에 눈이 끌린다. 주목할 때가 아닌가 싶다.

임도의 원래 목적은 천재지변이나 산불로부터 산림자원을 지키기 위한 것이다. 태풍이 한 번씩 휩쓸고 간 뒷자리에는 언제나 쓰러진 나무들이 널브러진 광경을 볼 수 있다. 그리고 산림에 종사하는 분들이 죽은 나무를 베어내는 현장을 종종 보곤 한다. 나무를 심는 것도 중요하지만 산림으로의 가치를 잃은 나무를 정리하는 것도 매우 중요하다. 이런 작업을 하기위해서라도 임도가 절대 필요한 길이다. 임도를 활용하여 숲 관리를 원활히 할 수 있는 등등 임도는 장점 뿐이다. 벌목된, 쓸모없어 방치된 나무는 용도에 따라 다시 재활용 된다. 숲길에 생긴 정자나 크고 작은 의자 등등이… 숲길을 오고 가며 휴식하도록 사람이 숲길을 다니기에 편리한 용품으로 다시 탄생되어 진다. 그 뿐이 아니다. 땔감용, 가구용, 이용가치는 부지기수다. 잘게 부수어 바이오 메스 보일러에 연소로 사용하면 탄소 배출을 줄일 수 있다. 패목으로 집을 짓고 재생에너지, 친환경 대체에너지로 생산성을 높이는 데도 기여하게 된다. 산림관리 차원으로 만든 길, 임도는 숲 관리에 반드시 필요하지만 사람에게도 이익 되는 좋은 길이다. 숲을 헤치는 것이 아니라 이모저모로 생산성도 효율성도 높이고 즐겁게 생활할 수 있으니 일거양득이다.

어떤 농부는 임도가 생겨 고사리 밭을 만들었다고 한다. 수확한 고사리를 운반하는데 임도를 이용한다고. 점점 재배할 공간을 넓힌다고. 임산물을 키워 생활이 풍성해지니 임도에 대한 애정이 각별해졌다고 한다. 고사리 심은 후부터 나무에 관심을 가지고 있단다. 주목이나 편백나무 씨를 받아 모를 만들어 산에 키워서 심는다고. 그는 임도의 편리성을 적극 활용하여 마을에 생태마을 조성사업을 준비하고 있다. 오토캠프장 산악마라톤, 마을 전체의 유익된 사업을 진행 중이었다. 임도는 국가에서 관리하고 사람은 임도를 이용해 효과적으로 사용하면, 임도의 인식이 점점 높아질 것만 같다. 녹색성장의 키워드를 쥐고 있는 셈이다. 숲에는 산촌살림에 기여하는 절대적 보물이 존재한다. 각종 산나물 체취로 자녀들 공부 가르친다는 말씀에 고개가 끄덕여졌다. 가계살림에 크게 도움 된다 한다. 이렇듯 숲에 기대어 사는 사람들에게 현실적 행복과 영혼의 행복까지 안겨주는 숲이다.

배불뚝이 임산부 엄마들이 맑은 공기를 마시며 태교하는 모습도 여간 보기에 좋았다. 맑은 공기는 태아 뇌 활동에 자연을 직통 전달하는 수단으로 더없이 좋은 조건이다. 숲은 태교가 아니더라도 색다르고 특별할 수밖에 없다. 귀를 씻어주고 마음을 어루만져 준다. 인체의 면역력 증강, 모성과의 교감을 느끼게 한다. 임도는 모두에게 개방하여 적극 활용하면 좋겠다 싶다. 수리산 임도는 황토를 깔아 맨발로 다니기에 매우 좋았다. 휴일 가족과 맨발 체험으로 축제 기분이 들었다. 뛰거나 걸어서 가는 길, 모두 웃고 즐기는 레이스 마당이었다. 추억 만들기로 적합했다. 특히 어린이들이 무척 좋아 했다. 자연 경험 테마로 권장할 만한 가치가 돋보였다. 얼굴 마다 모두 웃음꽃이다. 산림을 훼손하지 않는 임도는 어쩌면 지역 마다 산마다 명소로 꼽힐 수 있을 것만 같다. 사람이 편안하게 즐길 수 있는 임도는 남녀노소 모두 환영받는 곳이었다. 임도 따라가는 자전거의 행렬은 건강의 상징처럼 비쳤다. 온몸의 근육을 키우는 산길스포츠로 그만이다. 오르막과 내리막의 적당한 경사와 굴곡은 산악자전거타기에 좋은 길이었다. 숲과 사람을 이어주는 임도, 누구라도 쉽게 찾을 수 있는 숲길 사이에 난 임도는 권하고 싶은 우리들의 길이었다.

몸이 아팠을 때 나는 산에게 기대게 된다. 산은 산으로 그냥 자랑스럽다. 산은 겨우 내내 죽은 척 앙상하던 숲을 재활시킨다. 그것이 위대하고 사람은 그 기운을 받아 기지개를 편다. 산은 거짓이 없다. 산은 언제나 자유롭게 다닐 수 있다.

산은 개인의 소유가 될 수 없는 국민의 산이다. 산을 산답게 만드는 가치의 기준은 우리가 얼마나 가꾸어 잘 지키느냐 그 의지에 달려 있다. 간혹 사람이 산도 모르면서 함부로 대할 적이 있다. 산은 명성과 관계없지만 높고 넓고 숲이 울창할수록 명산이다. 이산 저 산 할 것 없이 산은 산이다. 푸른 잎도 언제인가는 낙엽이 되듯이 사람이 제아무리 날고뛰어도 때 되면 죽는다. 영원한 것은 없다지만 산만큼은 영원하다. 산을 본보기 거울삼을 일이다. 세상도 사람도 덧없이 간다. 나는 산을 친구처럼 가까이 자주 만나며 소통한다. 힘들 때 외로울 때 의지처가 되어주는 필요한 존재다. 천식이나 뇌졸중 암 환자가 맑은 공기와 산나물, 각종 약초로 건강을 회복하는 사례를 종종 본다. 나도 그 중 한 사람이다. 나이 들어 점점 격리되어 외로워진다. 주위사람들과의 이별이 하나 둘… 늘어가는 생애의 길목에 섰다. 그래도 산은 아직 나를 거부하지 않는다. 두 발이 아직 튼튼하여 산으로 숲으로 갈 수 있음이 증거다. 어느 자식이 늙은 어머니의 쓸쓸함을 어떻게 덜어주겠는가. 산은 나를 자발적으로 움직이게 한다. 마음의 친구로 넘치는 산. 앞으로도 산사랑에 적극적 활동은 멈추지 않을 것이다. 건강하게 살 수 있는 대안으로, 즐거운 산길은 만족함을 안겨준다. 산에 대한 기억은 오래오래 남을 것이다.

내 건강을 지배하는 산의 뜻에 순응하며 잘 살자. 삶에는 여별이 없으니까…

덕유산 구름을 이고

덕유산 정상에 닿았는데 머리가 하늘을, 구름을 이고 있는 형국이다. 세상 것이 온통 발아래 숨어 있다. 운무가 변화무쌍함을 연출하는데 찰나찰나가 참으로 신묘하다. 운해 속에 갇힌 산봉우리가 마치 힘센 남자의 근육처럼, 들쑥날쑥 내밀기를 반복한다. 구름바다가 사람의 눈을 현혹한다. 물감으로 그려낼 수 없는 신비한 그림이다. 자연은 보이는 그대로 흐를 때가 제일 천연덕스럽다. 여기에 사람이 발자국을 찍고 눈도장을 찍어주면 더욱 금상첨화다. 이런 풍광을 호흡할 때 신께로 향하는 경탄이 절로 터진다. 자연과 인간의 조화로움이 빛나는 순간이다. 와아! 뭉글뭉글 천상이 빚어낸 꽃구름이 여기저기서 너풀댄다. 구름은 하늘만이 동반하는 영원한 그루터기다.

나는 덕유산 자락에서 그렇게 한참을 빠져있었다. 가슴이 요동치고 몸이 떠돌듯이 착각을 일으키게 했다. 첨단과학이 위대하다한들 자연의 평화와 고요만 하겠는가. 하늘 문을 통과하고 나온 설렘은 가히 환상적이었다.

때마침 안내방송이 허공을 타고 귓가에 앉는다. 다섯 시 마감이라고 하산을 재촉한다. 더 머물고 싶지만 공공질서를 따라야 한다.

눈높이가 세상을 순하게 바라보라 이른다. 공기의 저항으로 밀려오는 바람을 맞으며 산 동무 된 기분이 좋았다. 나도 순한 사람이었구나. 산신령의 계시를 받아 내려오는 감흥이 유별하였다. 감성의 오르가즘이라고나 할까. 부르르 진저리가 났다. 산은 하산하기 위해 오른다. 산꼭대기에 서보면 간혹 오늘처럼 신선의 경지를 만날 때가 횡재다. 다른 이도 나처럼 원초적 본능적 마음을 담아 내려갈까. 한 발 한 발 걸음을 내리며 속세의 것들이 씻어졌을 법하다. 산길과 동행하는 내내 순해진 나에게 감사했다.

세속은 사는 것 자체가 힘든 곳이다. 오늘처럼 자연과 동화되면 한동안은 숨 쉬는 게 가뿐하다. 지나간 시간에 매달리지 않을 것을 그리고 오지 않은 미래를 원하지도 말 것을, 이런 맘으로 조심조심 걷는다.

혹여 아직도 가슴의 때와 같은 분노나 미움, 분수보다 더 큰 욕심이나 원망 같은 가려움이 있거든, 더 이상 긁지 말고 덧내지 말자고, 두 번 세 번 다짐한다. 삶이 한창 신명나던 젊어 한 때에는 타인으로부터 산을 닮았단 농담을 듣기도 했었는데…

산은, 갈 때 마다 산처럼 살라는 어떤 정법을 시사해 주곤 한다.

나는 노년이다. 일의 선상에서 밀려 때때로 허망감이 좀 밀려오더라도 빛나던 시절의 기쁨을 상기하며 즐거움으로 채우고자 노력한다.

여행은 영혼에게 자유의 날개를 달아주는 모양새다. 여생이 금빛물결을 탔음을 의미한다. 힘들고 끝이 안 보이던 지나온 시간. 그 기억들에게 탄복하게 하는 시간이다. 제 각각 날아간 심장 같은 피붙이들. 옹기종기 모여 내가 주는 모이를 받아먹을 때가 얼마나 좋았던가를 돌아보게 한다. 여행을 떠나보면 새삼, 생존의 현장을 누비던 그때가, 덜컥 겁나던 울타리 밖 세상이 맴돌아서 온다. 연습 없는 생활을 끌어 올리려 얼마나 버둥댔던가. 사회가 요구하는 인생자격증이 무엇일까를 고민하던 때가 있었다. 능동적이지 못했으나, 인생파도의 높낮이를 헤쳐서 나 지금 여기에 섰다.

나는 여행을 통해 자신을 들여다보는 습성이 몸에 배었다. 바깥공기를 통해 일상과 적당한 거리 유지에 필요한 통로를 찾아내곤 한다. 시고 달고 쓰고 짜던 그 삶의 맛을, 자연과 인간의 미묘한 교감이 닿는다. 질곡의 다리를 건너온 안도와 감격을 음미하며 웃음 짓는다. 어머니여서 가능했던 결과에 만세를 부른다. 칠십 첫 고개를 만나 앞길이 아득할 것 같아 안절부절 하던 내가 얼마나 어리석었던가. 노후 시간표도 근사하게 살아내 보자. 늙으나 젊으나 인생의 역사를 쓰는 데는 오직 내가 주인공임을 깊이 새기자.

현실에서 훨훨 세상바다를 누비고 있는 자식들, 그네들 덕분에 노년의 여정도 역동적으로 날개를 펼칠 수 있겠다 싶다. 나이를 까먹으며 하나씩 버킷리스트를 지워가자. 젊고 늙음에 눈높이를 가르지 않는 현대판 시니어로 살자. 여태껏 살아온 것처럼 소신껏 숨 쉬면 만사형통 아니겠는가.

무엇에도 차별을 두지 않고 슬기롭게 인생의 여행을 뚜벅뚜벅…

산림욕장의 선물
피톤치드

새벽 마다 가래 올리느라 잠을 못 잤더니 괴로움에 서러움까지 겹쳐 온다. 병원에서 처방을 받고 약 한 봉지 먹었는데 금방 낫는 듯싶었다. 며칠 잠잠하더니 증세가 재발했다. 다시 병원을 방문하여 '선생님, 허파에 구멍이 났을까요? 헛기침이 쉴새 없이 나와요', 대수롭잖게 말을 했는데, 'CT 촬영 한 번 하셔야겠어요.'라고 한다.

사진 속 폐에는 동공이 보였으나 암은 확실히 아니란다. 암이 아니라는 말에 일단 안심했지만 찜찜했다. 의사는 종합병원 의뢰서를 써준다. 마음을 굳게 먹고 재검사를 받았다. 동공은 구멍이고, 결절은 아주 작은 종양이란다. 두 달 후 다시 내원하라는 최종 결론 뒤에 '유산소운동'이라는 주문서가 따라 붙었다.

그 후 청계 산자락의 산림욕장 등산 계획표를 세웠다. 건강하고 싶은데, 병원 검진 이후 생활이 노곤했다. 자식들과 생존하기 위해 치열할 수밖에 없었던 삶의 발자취가 돌아봐졌다. 세상과 정면대결 하고 이리저리 날뛰어 봤으니 이만하면 잘 살았지 싶은 맘도 들었다. 이제는 생활의 구속을 내리고 적극적으로 내 몸을 살피기로 했다.

집을 나서면 공원에 산림욕장이 있다. 어제와 다르게 숲이 구세주처럼 느껴졌다. 숲에서 생산되는 피톤치드가 몸에 이롭다는 말을 떠올렸다. 유산소운동으로 걷기가 최적격 아닌가. 운동복을 준비했다. 내일부턴 매일, 숲을 만나러 갈참이다. 피톤치드를 마시고 건강을 다지기로 자신과 약속했다. 내 코가 석 자가 된 후에야 건강문제가 현실로 닥쳤다.

산림욕장 가는 그 길은 벚꽃이 만발해 오가는 사람들에게 웃음과 행복을 준다. 초록 숲이 우거진 그늘 아래서 나그네랑 섞이는 풍경이 조화롭다. 단풍이 오색창연하고 흰 눈이 나뭇가지를 덮어 지붕을 만들어 준다. 몸에 이상 징후가 생긴 후에야 비로소, 삼림욕장 가까이 사는 내가 큰 복을 받은 사람이구나, 라고 자각하게 되었다.

병원 그 이후, 유산소운동을 생활화하니 하루하루가 산뜻했다. 처음엔 발걸음이 더디고 몹시 무거웠다. 속도가 붙질 않고 자꾸 주저앉고만 싶었다. 한 바퀴 거리는 6km. 아직 초입인데도 숨이 가쁘고 금세 지친다. 중간 중간 의자에 앉아 들숨날숨을 고르며 몇 번씩 쉬었다 가곤 했다.

그러자 점점 산길 휴양림을 걷는 일에 익숙해져 갔다. 걷기운동이 점점 몸에 배어들었다. 참새 한 마리가 인기척에 놀랐는지 손을 모으고 쫑긋 서 있다. 바람에 흔들리는 나뭇잎은 말을 걸 듯 부스럭거린다. 자연의 스토리가 경이로웠다. 문득 숲길을 통해 내가 정화되고 있음을 알아차렸다. 숲의 세상이, 산림욕장의 길이, 내게 전달하려던 그것은, 인생의 무상함이었을까. 자연의 향기가 가득히 고여 시와 같은 언어의 모습을 띄고 내게로 파고들었다.

토요일은 이웃과 함께 휴양림을 찾는다. 여인들 지지고 볶아내는 세상 사는 수다에 산천초목도 따라 웃는다. 오르막 내리막 걸으며 땀을 내보내는 시간이 마냥 즐겁다. 숲에서 숲으로 이어지며 만나는 모든 자연이 마치 서사시 같다. 어느 날은 꿩 한 마리가 내 앞을 가로질러 날아간다. 쉴 새 없이 나무를 쪼아대는 딱따구리는 인기척에도 아랑곳하지 않는다. 청둥오리의 비상은 가히 장관이었다. 일행은 숨을 멎은 채 그 자리에 뚝 멈춰 섰다. 마치 우리가 숲 속에 스며들어 일부가 된 듯 참으로 놀라운 경험이었다.

산림욕장은 나를 반기지 않은 적이 없었다. 한결같은 산소를 생성해 주고 피톤치드를 공급받으며 숲길 덕분에 치유의 변화가 느껴진다. 건강해지는 기분이 완연해, 숲으로의 행진은 생활의 골든타임이 되었다.

약속한 두 달이 지났다. 내 딴에는 의사의 권유대로 열심히 유산소 운동을 했지만, 병원으로 향하는 발걸음에 묻어나는 두려움은 어쩔 수 없었다. 검사를 마치고 의사 앞에 앉았다. 예전과 지금의 사진을 나란히 놓고 한참을 보더니 "이젠 기침 안 하지요?" 라고 묻더니 이렇게 덧붙인다.

"동공도 결절도 없이 말끔해졌습니다."

그 한 마디의 말씀이 세상 모든 행복을 느끼기에 충분했다.

건강을 되찾는데 숲의 역할이 매우 컸다. 자연치유력으로 새 세상을 만난 기쁨은 무엇으로도 표현이 안 된다. 사람이 어디에서 무엇을 만나서 허파에 좋은 영양을 줄 것이며 오장육부의 찌꺼기를 어떻게 씻어낼 것인가. 무엇을 바라봐 눈과 귀가 밝아질 것인가. 가장 소중한 '건강'을 다시 찾았던 나다. 숲 바깥에서 잃은 건강을 숲은 선물처럼 다시 돌려주었다. 여생을 살아가는데 있어 가장 큰 대목을 감당해 준 산림욕장, 고맙고 또 고마웠다.

오늘은 늘 다니는 길목에서 새 한 마리가 나를 반가이 마중한다.

동행,
현장 스케치

매주 수요일이면 신토불이 농촌과 도시사람을 연결해 주는 장터가 열린다. 지하철 4호선 경마공원역으로 나가면 훤히 보이는 곳이다. 멀리 천막과 천막 사이로 사람들 오, 가는 모습이 영락없는 시골장터다. 도심의 주부들이 속속 들고 난다. 바퀴가 달린 편리한 캐리어나, 알록달록 색감도 고운 에코 장바구니가 새로운 시장 문화를 보여준다.

와아! 시골장이 맞구나! 흙에서 바로 작업해온 토산품들이, 시장의 규격을 갖추어 찾아오는 사람들에게 먹을거리를 제공하고 있었다. 영농작업으로 생산한 모든 품목들이 다양하게 준비되어있다. 각종 채소며 제철 과일에 떡, 두부, 술, 치즈까지, 맛보기 수준도 백화점 그 이상이다. 싱그럽다, 정겹다. 유통마진 없이 생산자와 소비자를 이어주는,

직거래 방식을 그대로 이어주는 바로마켓이었다. 초행이라 낯설긴 해도 도심에선 상상이 안 되는, 푸짐한 시골아낙들 손의 맛을 느껴보는 재미에 빠졌다.

장도 장이지만 이곳은 풍경이 예사롭지 않다. 일상을 무심히 지내다 보면 가끔 목적이나 이유 없이 훌쩍 떠나고 싶을 적이 있는데, 마치 먼 곳으로 여행을 온 듯 공원과 하늘땅이 한 데 어울려 있다. 짙푸른 녹음, 바람, 새들의 노랫소리가 눈과 귀를 씻어준다. 시골사람과 도시인의 동반행렬, 물오른 자연의 섭리가 장터의 볼거리로 조화로웠다. 주위를 돌아보며 여기 오길 참 잘 했다며 자신에게 중얼거렸다. '갑수야, 잘 왔어.'

도시의 혼탁한 공기를 익숙하게 마시다가, 훅하고 콧속을 찌르는 맑은 산소의 흡입이, 혀끝에 달착지근한 느낌으로 와 닿았다. 여간 상쾌하지 않았다. 한정된 공간, 집이라는 둥지를 박차고 밖으로 나온 길손에게, 이보다 더한 위로와 정서가 어디에 있을까. 축복받은 기분이 예상치 않은 흥을 돋운다.

여행이란 항상 누군가를 동반하고, 얼마간의 준비를 마쳐야 떠나곤 했었는데, 오늘은 빈 가방 하나 달랑 메고 훌쩍 나선 장터 나들이가, 기분을 고조시켰다. 가벼운 걸음으로 여기저기 옮겨 다녔다. 마치 진일보한 사고의 전환을 맞이한 듯, 정신이 맑아졌다. 모처럼 생활의 먼지를 툭툭 털고, 눈앞에 펼쳐진 농어촌을 눈으로 살갗으로 여행하였다. 땅과 바다가 선물해주는 맛을 음미하였다. 걸음걸음 장터 곳곳을 누볐다.

상인과 고객이 웅성거리는 쪽으로 몸을 틀었다. 시장은 생존의식을 부채질하며 사람의 냄새를 물씬 풍겼다. 촌부들 치맛자락 앞에 푸성귀와 토산품이 산더미로 쌓여 있다. 장날임을 실감케 한다. 저 한 쪽에선 "뻥이요~"하는 우렁찬 소리가 터지더니 강냉이 튀밥이 죽부인 철망 배를 가득 불린다. 장터마당이 주는 선물하는 기쁨이다.

여기저기서 인생 공연장 같은 연출이 쉴 새 없이 펼쳐진다. 엿장수 가위소리가 트로트가락은 손님을 불러 모으는 일등 공신이다. 사람들 절로 흥얼거리게 한다. 장날이 아니면 볼 수 없는 풍경, 나는 거기에 그냥 서서 한참을 구경했다. 어찌나 홍겨운지를…

타인들끼리 스적거리는 장터에서 팔고 사는 광경을 물끄러미 바라본다. 특히 할머니들께선 저울에 달거나 새 봉지를 쓰지 않는다. 그 분들에겐 손이 저울인 게다. 굵고 푸른 핏줄 불거진 손마디로 듬뿍 담아주는, 낡은 검은 봉지의 거래가 심상치 않다. 손재주를 부리지 않는다. 마음까지 풀어 움직이는 손길이 넉넉하다. 훈훈한 정나미가 오고 가는 옛날식 그대로다. 그야말로 생산자와 소비자의 직거래, 바로마켓의 동행 현장스케치다.

"할머니, 천원어치도 파세요?"

"그럼, 팔고말고. 첫새벽 밭에서 뽑아온 거라우."

하시면서 봉투가 넘치도록 담아 건네준다. 정도 뭐도 아닌 그런 남남 사인데, 할머니 얼굴의 주름은 연신 웃음으로 가득하셨다.

"할머니, 이렇게 퍼주고 나면 벌이가 되시겠어요."

"응, 다음 장날에 또 들고 나와 팔면 되지. 걱정해줘서 고마우…"

발걸음을 돌리려 하니 오히려 할머니께서 서운하신지 덥석 한 주먹을 덤으로 넣어주신다.

모든 상품이 정량과 정가의 바코드로 순식간에 계산되는, 정확하고 빈틈없는 도시 동네에 살다가, 오랜만에 친정 품 같은 향수를 맡았다. 시장구경이나 하자고 나섰던 아침나절 그 맘이, 어느새 흐트러지고 있었다. 구매를 계획하고 온 사람처럼 지갑 열기에 바빠졌다. 장바구니가 차고 넘칠 지경이다.

일상생활의 구속에서 도망치듯 나왔는데, 어쩔 수 없는 생활인으로 중심을 추스르게 된다. 보따리가 제법 무겁긴 해도, 가족들 해먹일 생각에 걸음이 가뿐하다. 먹일 것이 풍성한 행복한 밥상 앞에 둘러앉은 가족들 얼굴… 난 그만 부자가 되고 만다. 그 흐뭇함이라니.

집 나설 때 오락가락 하던 여름 날씨가 맑게 개었다. 해가 석양에 걸려있다. 해넘이를 바라보며 아름답다 하지 않는 사람을, 나는 아직 보지 못했다. 나도 저 노을처럼 곱게 늙어 가리라. 슬금슬금 산을 바라보게 하는 나이에 다가서는 중이다. 자연의 섭리가 인간과 다를 게 하나도 없단 생각에 미쳤다. 해가 뜨고 지는 순리를 닮으며 잘 살아내자. 도시의 생태가 어디 하늘 한번 제대로 올려보게 했던가. 무엇을 좇느라 여기까지 왔는지, 나라는 정체성에 대하여… 알 수가 없었다. 어제보단 오늘이, 오늘보단 내일이, 더 나으리란 기대감 때문에 숨 쉬었을지도 모른다.

틈틈이 오늘처럼 장터도 좋고, 또 이름 모를 어느 마을이면 어떠랴.

마음 따라 몸이 가는 것, 장날을 핑계로 떠도는 시간의 그네를 타며, 나만의 은밀한 여유를 즐겼다. 가슴을 떨리게 해준 조촐한 장보기와 나들이 묘미가 그것이었다. 직거래장터의 현장을 두루 밟으며, 민생고가 갈급한 생존경쟁의 원리도 교감했다. 홀로 여행으로 바로마켓장터가 제격이고 안성맞춤이다.

흙 묻은 치마의 아낙과 도심의 주부들, 직거래장터와 소비자 간의 생활 공연이 펼쳐지는 인생무대였다. 모두 다 잘 먹고 건강하게 살아가자는 동행의 테마가 생생하게 살아 움직이며, 거래를 이루어가는 원동력임을 실감한다. 지구촌 어디를 둘러본들 시장보다 더 밀착된 경제 생리수단 방식은 없으리라.

장터와 생활, 생산자와 소비자의 유통관계는 끊을 수 없는 상생의 문화다. 사는 날까진 먹어야 숨을 쉰다. 도시와 농촌의 상부상조다.

도농 간의 다리 역할을 해주는 장터가 있어 얼마나 좋은지 모른다.

장날 덕분에 내 몸 사랑의 무상함을 절로 터득하였다. 장날사랑은 계속될 것이다.

참새방 사람들
그 여름날의 설악 축제

참새 방 사람들이 등산여행을 계획하면서 한동안 설레었다. 우리에게도 이런 날이 오는구나 라고. 우리는 이웃으로 구성된 동네 어머니들이다. 좋은 일도 궂은일도 자기 일처럼 여기며 가족 같이 정을 나누는 사이이다.

경진네는 장애인 아들을, 혁진네는 청상에 홀로 되어 두 아들 뒷바라지 하는 야쿠르트 주부 사원, 바다네는 중풍 맞은 영감님 수발하며 아기 보는 일을 하고, 숙현네는 세탁소를 자영한다. 인기네는 식당에서 설거지를, 은미네는 순탄한 가정이고, 기영네는 출장이 잦은 남편의 얼굴을 못 봐 늘 고독해 하고, 대용네는 공장 다니며 살림을 꾸린다. 나는 남편을 병환으로 잃고 사남매 버팀목으로 굳건히 현실을 지키는 대현네다.

가끔 세탁소에 모여 살아가는 이야기를 나누며 이곳을 '참새방'이라고 이름 지었다. 그러니까 우리가 여행을 꿈꾸기 시작한 것 십여 년 전부터다. 하나같이 사는 것에 쫓겨 여행이란 말만 무성하게 날려 보내곤 했었다.

작년 이맘 때 쯤 이다. 장마도 걷히고 무더위의 기승이 한풀 꺾일 무렵 우리는 또다시 술렁대기 시작했다. 다시 생각해도 진저리치게 싫은 고3 어머니 노릇에서 벗어난 해방감을 맛보고 싶었다. 나이 육십을 훌쩍 넘겼다. 더 늙기 전에, 아직 건강할 때 여행 한번 가자는 목소리가 높아만 갔다. 마음을 모으고 찬찬히 계획을 세웠다. 챙겨야 할 준비물을 나누어 맡았다. 쌀, 밑반찬, 김치, 과일, 고기, 야채, 의약품, 옷가지, 필기도구 등등. 여덟 어머니가 가정을 비우고 모처럼 떠나는 여행. 나름대로 성공적으로 마치기 위해 모두 한마음으로 협조했다. 나는 여행에서 얻어야 할 내면적인 목적을 정해 머릿속에 입력시켜 두었다. 그동안 회비를 거두어 저축해 둔 돈으로 비용은 걱정 없었다. 방향을 강원도 설악 쪽으로 잡았다. 참으로 오랜만에 여행을 결심하고 짧은 기간이지만 단체 생활에 흐트러짐이 없도록 했다.

내설악, 외설악을 두루두루 돌아보자고 욕심을 냈다. 단번에 여러 곳을 다닌다는 것은 무리라는 점도 감안했다. 기다리는 동안이 학창시절만큼이나 들떴다. 드디어 화려한 축제의 첫발을 내딛는 날이 다가왔다.

새벽 5시. 일행이 만나기로 한 약속 장소에 하나, 둘 모여들었다. 한 사람씩 나타날 때마다 웃음이 터져 나왔다. 나이게 걸맞지 않는 원색 옷에 반바지 차림새를 하고 알록달록한 쌕도 허리춤에 동여맸다. 젊은 사람들 폼을 있는 대로 흉내 내고 얼굴을 내밀었다. 겉으로 나이만 먹었지 마음은 아직도 소녀 적 그대로였다. 까만 안경에 허벅지를 드러낸 바지, 군화(등산화)같은 신발로 저벅저벅 걷는 모양새가 완전 개그우먼이었다. 인기네는 특이한 복장으로 초장부터 분위기를 웃음바다로 몰아갔었다.

얼마나 가슴 부풀리며, 벼르고 벼른 여행이었던가. 막상 출발한다고 생각하니 순간, 남겨 놓은 집안 일로 어깨가 무거웠다. 오늘 새벽도 그랬다. 나 없는 동안 식구들이 먹을 반찬이며 국거리 등은 정리가 된 건지, 냉장고 문 여닫기를 수차례. 네 시에 딸을 깨워 챙겨먹도록 거듭 당부했다. 2박 3일 다녀오는 여행이건만 딸에게 맡기는 살림이 미덥지 못해 만지작거리고 뒤돌아보기를 되풀이 했었다.

무엇이 이토록 우리를 재촉해 떠나게 만들었을까?

떠나오는 날 은미네는 부부 이별이 어찌나 진지했던지. 두 사람이 잡은 손을 놓지 못하고 급기야 눈물까지 글썽거렸다.

아는 분의 도움을 받아 예약한 콘도에 도착했다. 방문이 열리는 순간 모두들 '와아' 하고 탄성을 질렀다. 뒤 켠 창밖으로 내다보이는 천지가 우리들 넋을 흔드는 황홀경 그대로였다. 하늘, 바다, 녹음 그리고 산자락의 웅장함이 한눈에 들어왔다. 끝도 가도 없는 무한 폭의 그림들만 펼쳐졌다. 여기 오길 정말로 잘했다고 감격했다. 자연의 위대함이 주는 신비경 속에 빠져들면 들수록 계속 홍분과 경탄의 소리를 질렀다. 제각기 여행의 자유를 만세 부른 것이다.

그 해 늦은 여름, 거대한 도시 서울을 탈출하면서 비었던 가슴이 한 아름씩 채워져 갔다. 달리는 차 속에서 바라본 들판에는 아무렇게나 자란 들꽃들이 서로 어우러져 있었는데 그 속에서 커다란 용기를 보았다. 들풀이지만 당당하게 제 몫을 해내며 피어난 자세가 어느 꽃 보다 아름다웠다.

싸리재를 넘어 해발 800미터 고지 대관령 길에 올랐을 때는 하늘 보다 아래에 있는 땅이 더 멀고 아득했다. 보이는 것마다 절경이고 비경 아닌 것이 없었다. 골짜기는 드러누워 햇살에 혜택을 받고 있으며 산천초목은 생생한 산수화요, 이 모든 것이 신의 은총으로 충만 된 생명의 잔치를 벌이고 있었다. 자연은 태고 적이나 지금이나 누구를 불문하고 한결같이 반겨 주었다. 웅대한 산자락을 굽이 돌 때는 조물주의 숨결도 느껴졌다.

뒤로 돌아서면 지워져 버릴 것만 같은 풍경과 광채가 내 기억 속에서 잊히기 전에 메모해 두었다. 설악의 온갖 것을 눈으로, 가슴으로 가득히 남아 내고 싶었다.

여행의 즐거움을 누리는 그 첫날밤이다. 평생 잊지 못할 추억의 마당을 만들자고 손가락을 걸었다. 잠을 자겠다는 사람은 아무도 없었다. 우리가 어떻게 마련한 여행인데 잘 시간까지 아껴야 한다고 야단들이다. 그러나 휴식을 취하지 않으면 내일 일정이 차질이 생기기 때문에 짧게라도 눈을 붙이도록 했다.

이튿날 새벽, 동명 항구로 발걸음을 옮겼다. 항구에 들고 나는 배들이 활발하게 움직이고 있었다. 여행객들 맞이하기에 분주한 뱃사람. 그들의 눈빛에서, 몸짓에서, 여기도 삶의 현장이며 생존을 위한 경쟁이 치열함을 확인했다. 횟집 아낙의 칼솜씨는 온몸을 섬뜩하게 했다. 항구는 여행의 행복을 음미하는 사람들로 붐볐다. 모듬회 맛이 상큼했다.

일행은 등대가 있는 쪽으로 걸었다. 무섭게 달려드는 파도와 부서지는 물거품. 거대한 바다에 압도당해 작기만 한 본래의 자신을 돌아보게 되었다. 목표를 향한 인간의 욕망도, 먼지 낀 마음도, 깊은 곳에 고여 있던 외로움조차도 힘없이 무너지는 아픔을 보듬었다. 무슨 말이 필요하겠는가. 순리대로 살리라고 고개 숙였다. 바다는 넓은 도량으로 우리들 가슴에 깨우침을 안겨주었다.

동해는 뭐니 뭐니 해도 해돋이기 첫째로 손꼽힐만했다. 여명을 밝히는 태양의 거동이 가히 장관이었다.

우리는 생활의 구속에서 도망친 홀가분함을 누렸다. 배려해 준 가족들에게 고마웠다. 낙산사를 거쳐 경포대로 가는 길목에서 '오죽헌'으로 들어갔다. 신사임당의 온후한 성품, 아내의 도리, 자녀 교육의 높은 뜻은 우리들에게 귀감이 되었다.

여행은 눈으로 보는 것도 좋지만 오래도록 기억에 남을 수 있는 것이어야 했다. 점점 여행의 맛, 즉 닿는 곳마다 맑고 향기로운 감정을 느끼게 되었다. 큰 돈 들이지 않고도 힘들이지 않게 다닐 수 있음을 몸으로 터득했다. 참말로 신명나는 참새 방 사람들의 축제였다.

우리가 탄 자동차가 숙소를 향해 달렸다. 사방에 어둠이 내리고 서녘하늘에 붉게 노을이 깔리고 있었다. 문득 집에 두고 온 아이들 얼굴이 스쳐 지나간다. 금방 두 눈에 이슬이 고이고, 그리움이 갑작스레 밀려와 코끝이 찡했다. 일정이 끝나 갈 때여서 긴장감이 조금 느슨해졌다. 오늘 밤은 푹 쉬기로 했다. 한데 점잖기만 한 용재네가 한마디 던진다.

'이 밤이 정녕 마지막이란 말인가!'

바깥을 내다보니 우주 공간이 온통 까맣다. 별들만, 별들만 서로 반짝였다. 누가 먼저랄 것도 없이 주섬주섬 옷을 챙겨 입었다. 두세씩 무리 지어 밖으로 뛰쳐나왔다. 설악의 밤공기가 오싹하니 추웠다. 밤하늘을 올려다보았다. 바람까지 동행이 되어 온 마음을 사로잡는다. 전설처럼 변해 가는 설악의 밤은 사랑이나 인생의 덧없음을 자연을 통해 상징적으로 보여주는 엄숙한 서사시였다.

밤을 새고 나면 일상의 늪으로 돌아가야 하는데… 뭔가가 자꾸만 발목을 붙잡는다. 아쉬움이 우리들 속을 적셨다. 우리네 삶이 밥만으로 만족할 수 없음에 눈떴다. 여행이라는 정서의 양식이 가져다주는 포만감을 한껏 맛보았다. 때론 현실 아닌, 떠도는 시간의 그네에 매달려 보는 것도 중요했다.

순간과 같은 삶을 통해 영원처럼 느낄 때가 바로 지금이라는 해답을 찾았다. 여행을 통해 새로운 활력과 내일을 창조하고 싶은 어떤 힘을 받았고, 지루했던 권태를 털어 버릴 수 있었다. 하룻밤 더 묵고 싶은 미련을 떨쳐내고 훗날 또 올 것을 다짐하며 짐을 쌌다.

이젠 돌아가자.

사랑하는 가족들이, 이웃이, 우리를 기다리고 있지 않은가. 또다시 일상의 텃밭에 물을 주면서 생활을 윤기 나게 닦아 내야지. '어서 오십시오. 우리의 서울입니다'라는 팻말이 또렷이 보인다. 망우리 고개 너머 서울의 불빛이 그렇게 반가울 수 없었다. 그 해, 그 여름날은 두고두고 잊지 못할 것이다. 앞으로도 자신에게 활력을 주고 영혼을 환희에 떨게 해 주는 여행을 고대하면서… 더욱 알뜰하게 살림하며 공동계금을 저축할 새 적금 통장을 만들기로 했다.

참새 방 사람들 사랑의 화음이여, 다음은 한라산으로 비상할 꿈을 꾸기로 하자.

주왕산,
그 신비의 흔적

산이란 둘레보다 우뚝 솟아 있는 땅덩이를 말한다. 나는 그 고결하고 훌륭함에 매료된 지 꽤 된다. 산을 들먹이면 기운이 솟는 감정이 일어난다. 산소의 창고로 인간에게 주는 이로움은 산에 가봐야 안다. 사람이 생존하는데 적절한 탄력을 받기로 산만한 데가 없다. 누구랑 오르며 무슨 대화를 하느냐에 따라 여정의 의미가 크고 작을 수 있다. 오늘은 뜻의 방향이 비슷한 사람끼리 모였다. 일행은 글벗으로 사물 하나도 허술하게 넘기지 않는다. 생활의 언저리를 들추며 창작으로 이끌어 낸다. 동인들 사상이 곧 예술의 세계다.

주왕산은 1, 2, 3, 폭포가 유명하다. 제1 폭포는 눈높이에서 약간 사선으로 보면 맞는 위치다. 그 아랫자락 바위에 담긴 짙푸른 물의 색깔과 형상이 가던 길을 멈칫 서게 한다. 예사롭지 않아 한참을 뚫어지게

보다, 순간 뇌리에서 어떤 이름 하나가 대어처럼 낚인다. 여자라는 느낌표다. 몸이 움칠 놀라며 숨을 죽인다. 맥박이 갑자기 출렁인다. 아, 신음 같은 탄성! 여자의 性, 질의 입구와 아기집의 모양새, 子宮의 그것과 다름 아니다. 性의 상징으로 금방 대두된다. 조물주가 주물러 놓은 듯하다. 그 속에서 한바탕 소란을 피우는 물줄기를 바라보며 소리 없는 미소가 번진다.

제2 폭포에 닿았다. 먼저 온 나그네가 점심을 먹는다. 발밑의 물소리가 그냥 지나치지 말란다. 손을 씻는데 피라미 한 마리가 돌 틈새를 곡예 한다. 덥석 손바닥으로 안았다 바로 놓았는데 꼼짝 않는다. 잠깐의 체온을 이기지 못해 죽었나 싶어 미안하다. 그런데 잠시 후 고놈이 몸을 비틀더니 다시 살아나는 게 아닌가. 죽은 척 위장하는 생존의 법칙이 놀랍다. 자연은 제 나름대로 독특한 방법으로 생명을 지켜 간다. 살아서 날렵하게 헤엄치는 물고기를 뒤로하고 안도하며 그 자리를 뜰 수 있었다.

제3 폭포는 산행의 절정이란 감상에 휘말리게 한다. 풍광이 빼어나 발길 돌리기가 아쉽다. 위로는 하늘뿐인데 물은 어디서 오는 걸까. 층층으로 콸콸 쏟아내는 폭포의 위력은 무엇을 시사하는 걸까. 인간에게 전달하는 메시지가 분명 있을 진데, 아득히 상념만 맴돌 뿐 무엇도 잡히지 않을 것 같던 찰나에 문득 '힘' 이라는 단어가 스친다. 위력이다. 삶의 길을 몰라 헤매는 이들에게 용기를 배우라는 암시 아닐까. 녹음과 하늘이 반사된 비취색 연못은 출입금지 구역인데, 남녀 한 쌍이 잔

돌을 던지며 마주 웃는다. 저들은 천국 속에서 데이트를 즐기는 중이다. 청춘이란, 청춘 그 자체가 활동과 지향이고 최고 목표다. 내가 살아온 길도 그랬듯이 청춘일 때가 가장 큰 이상이었다. 물은 거스르는 법 없이 위에서 아래로만 흘러 바다에 합류한다. 순리란 그런 것 아닐까. 자연은 인간을 만나야 좋고 더 좋은 아름다움이다. 전망대에 오르니 학소대와 병풍바위 시루봉과 아들바위 등등이 한눈이 들어와 명산임을 실감한다. 계곡에서 뿜어내는 서릿발이 뼛속까지 감긴다. 발 하나 헛디디면 지옥이 코앞이라, 걸음을 뗄 때마다 온몸에 긴장하고 전율이 온다. 마음을 가다듬고 주의를 집중하여 주왕굴에 도착했다. 정좌하신 부처님 전에 엎드리니 숙연하다. 오직 자식들 건강을 비는 모성의 기도가 울림으로 간절할 뿐이다. 아비 없는 자식들 키운 일이 특별한 일이겠는가. 인간의 본능이고 짐승도 하는 일이니 그리 내세울 일이 못된다.

제3폭포를 내려오다 제2 폭포에서 점심 먹던 나그네를 다시 만났다. 그들은 가던 길을 멈추더니 내게 이렇게 말을 건다. '저기요, 내려가다 중간쯤에 있는 매점에 꼭 들러 보세요. 거기에 그림 한 폭이 걸려 있는데요, 하도 희한해서'라는 아리송한 전갈을 하고 휑하니 돌아선다. 출발 시간에 맞추느라 잰걸음으로 가던 중, 나그네 말이 생각나 깜빡 잊고 지나쳤던 길을 되돌아 매점으로 갔다. 그림과 나무 조각이 진열된 전시장이다. 처음엔 별로 눈에 띄는 작품이 없는 듯 하였는데 누군가 등 뒤에서 큰 소리로 외친다. '여길 보세요!' 나는 고개를 돌렸다. 여기저기서 이구동성으로 와! 라는 외마디 悲鳴을 내지른다. 그림은 따로 해설을 듣지 않아도 설명이 넘친다. 리얼한 섹스 장면, 남녀의 탐닉 그 이상이다. 인간이 전혀 꾸밀 수 없는 색다른 연출이다. 짐승들의 교미가 아니다. 천박하거나 음탕한 욕정은 더더욱 아니다. 물푸레와 단풍 두 뿌리의 접목은 은근한 사랑과도 같다. 인간의 원초적 본능과 맞먹는 피가 요동을 친다. 눈동자가 번뜩이며 똑바로 보기에 민망한데, 외면한 척 자꾸 보고 싶게 한다. 혼란스런 장면에 그만 현혹되고 말았다. 태곳적의 성은 감추기에 급급했는데 현대는 개방시대다. 가게 주인은 자연의 상태라고 한마디 덧붙인다. 인간의 생식기를 많이도 닮았다. 물푸레는 여성이고 단풍은 남성이다. 그 자태가 하도 조화로워 숨쉬기가 좀 그랬다. 발가벗은 두 몸이 하나 된 형상으로 여실히 드러나 있다. 음부 가득 득실거리는 치열한 율동 같고, 여성의 허공 속으로 몰아치는 남성의 몸짓 같고, 자연인데 생생하게 숨 쉬는 육체의 수렁 같다. 물푸레가 입을 벌리는 관능, 단풍을 삼키는 경이로움이다. 비록 나무지만 사랑의 표현이고 신이 빚어 놓은 흔적이었다. 정자와 난자는 아기를 잉태하는데, 물푸레와 단풍은 그 후 어떤 줄기로 어떤 잎으로 어떤 열매로 거두어 냈을까.

남녀 성의 관계는 인간 스포츠의 최상이라 한다. 성적 흥분이나 쾌감은 세균이나 암세포 같은 외침外侵에 저항하는 면역성을 향상시킨다. 엔돌핀 등의 천연 진통제가 분비되어 통증을 완화시켜주는 효과가 있다. 건강한 섹스는 성호르몬의 분비를 늘려 뼈와 근육을 단단하게 하고 심장을 강화시키는 등 체질개선에 도움을 준다고도 했다. 성생활을 꾸준히 하는 여성이 건강한 여성미를 갖게 된다. 섹스의 힘은 일반 사람들이 생각하는 그 이상으로 훨씬 많은 영역에서 발휘되고 있다고 한다.

내가 性을 활용하지 못하고 잠재우게 된 이유는 남편의 육체가 땅에 묻혔기 때문이다. 사실을 인정 못하고 방황하던 기억이 있다. 꽃은 아름다울 때 봐주어야 하는데… 중년의 性은 삶의 절정, 묘미를 참되게 한다 해도 넘치지 않는다. 性慾을 희생한 대가로 나는 자신의 정체성을 찾는데 열정을 바쳤다. 性慾이 고개를 쳐들면 그리움을 못 이겨 간혹 몸이 화를 냈었다. 욕망을 누르는 그 일이 쉬웠겠는가. 忍苦의 순간을 이기고 내가 일궈낸 생애를 불가사의라고 하는 친구가 몇몇 있다. '하면 된다' 보다 '안 하면 안 된다' 는 말이 나의 신조다. 홀로 고군분투하여 남들의 부러움을 샀대서 붙인 수식어다. 성취는 모든 이들의 소망이고 福은 꼭 받을 자에게만 온다고 했다. 아이들이 사회의 일꾼으로 우뚝 서는 영광을 업고 옥좌에 앉았다. 잃고 얻었음에 공평함을 증명해 냈다.

'가장 훌륭하면서도 가장 어려운 기술은, 세상을 잘 살아가는 기술이다'

한때 갈 길 몰라 전전긍긍하던 번뇌가 감사하다. 내게 가끔 산이라는 별칭을 쓰는 친구가 있다. 원대하고 광활하여 온갖 것을 포용하는 산, 사계절 변화무쌍함을 보여주는 실존으로 산이 으뜸이다. 빈부나 인격의 높낮이를 차별하지 않는 산, 나는 분명 산이 아님에도 불구하고 칭찬에 넉넉함을 베푸는 친구 때문에 사는 맛이 난다. 억겁을 산다 해도 산일 수 없지만, 어쩌면 산처럼 살도록 정진하라는 우정 아닐까.

신비의 흔적, 물푸레와 단풍 뿌리의 접목을 본 후 갖가지 상념이 솟는다. 진정한 남자가 아직 꿈으로 남아 있음을 재발견했다. 오늘 산행은 경직된 세포를 눈뜨게 한 횡재다. 꽃은 아름다울 때 봐주어야 한다는 친구 말이 자꾸 맴돈다. 마찬가지로 자연도 인간이 봐주어야 조화로운 법, 이렇듯 흠뻑 性에 홀려보기도 처음이다.

나이 들면 여생을 산다는데 그건 틀린 말이다. 나머지를 사는 게 아니고 여전히 생애의 중심에 서서 일상을 이어가는 과정에 서 있다고 장담한다.

시어詩語 같은 철쭉산, 일림산

일림 산등성이는 해 아래 극락으로 꼽을 만하다.

사월의 철쭉이 서너 개의 산등을 물들인 게 마치 꽃불을 지펴 활활 타오르는 형상 같다.

광활한 철쭉 일색 그 화색에 반하여 취기가 돌고 차마 입이 다물어지지 않는다.

정상에서 내려다 본 산의 철쭉은 절경의 극치다.

일림 산의 좌우 지도가 눈동자를 바쁘게 한다.

오른 쪽 산 아래는 쪽빛 바다가 출렁이고 왼 편 산줄기에선 철쭉이 춤을 춘다.

여기에 내 심장이 앉으니 삼박자가 조화롭기 그지없다.

일림 산철쭉의 잔치는 인간의 빈부나 격차, 지위의 높낮이를 허공으로 날리게 한다.

오직 대자연의 신비만 누리라 한다.

기억 속의 재산이 무엇으로 이보다 더 하리오.

세상 짐은 무엇도 끼어들지 못하게 한다.

철쭉 속을 걷는 걸음걸음이 신선놀음이다.

천산에 입문한 가슴이 추억을 찍기에 분주하여 다른 여념이 없다.

꽃길을 오고 가는 행락객의 땀내도 싫지 않다.

서로에게 미소를 건네게 한다.

키보다 훌쩍 큰 꽃길의 운치, 그 속에 묻혀 가는 사람들이 활동사진이고 낭만이다.

하늘의 미소와 산의 정기, 철쭉의 숨결. 꽃바람 소식, 남해의 파도, 무엇을 만나서 이처럼 환하게 웃을 수 있겠는가.

마음 비워 파안대소하기로 여기보다 좋은 곳은 없을 듯하다.

꽃과 구름은 하늘로 통하는 길을 안내하듯이 나를 붕붕 뜨게 한다.

인간들 욕망의 정점이 여기라고 알려 준다.

가득함으로 하여 뭔가가 출렁출렁 넘친다.

그 산을 등지고 내려오다 다시 뒤돌아 그 산을 올려다본다.

철쭉은 이미 멀어지고 난쟁이 대나무만 윙윙댄다.

온통 붉던 철쭉산에 어둑어둑 산그늘이 앉는다.

금세 과거로 돌아앉아 눕고 있다.

천하의 비경인들 보아주는 이 없다면 무슨 소용이며,

찍어주는 인간의 발자국이 없다면 이 산 또한 무슨 소용이겠는가.

오늘 하루 내 영혼이 휘청거렸다.

여생 동안 이런 철쭉의 잔치를 몇 번이나 바라볼 수 있을지…

젊음의 나이는 늘어나는 세월이고 노년의 나이는 줄여가는 시간이다.

볼 수 있을 때 맘껏 보아 두자.

감성은 넘치는데 표현력이 궁색하여, 언어를 향한 무지와 가난에 자꾸 분통이 인다.

환하게, 환하게 승화시키고 싶은데…

명품 마을

조출한 마을로 이사 왔다. 산천과 수목이 잘 배열된 쾌적한 환경에 반했다. 가족들과 미래를 새롭게 시작하라는 기운을 준다. 낯선 환경에 적응하기 위해 주변을 둘러보기 시작했다. 변두리는 낙농과 논밭 자락이 질펀한 산촌이고, 도심 한복판은 21세기 첨단 과학문명이 공존하고 있다. 탄성을 지르게 한다. 숲길을 걸으며 내가 살기로 편리하고 쾌적한 곳이란 느낌을 받았다. 숲이 빼곡한 거리풍광을 돌아보는 재미는, 마치 느린 시계바늘이 돌아가듯이, 짧은 여행의 잔재미로 와 닿는다. 집 밖으로 나설 때마다 이 마을로 이사하길 잘 했구나, 행복했다.

거실 저 쪽 관악 산등성이와 빼곡한 숲이 한눈에 들어온다. 하늘과 구름 바위 등이 어우러진 산천초목이 그대로 수묵화다.

우리 가족극장의 새로운 서막을 올리게 된 마을, 과천을 사랑할 수 밖에 없는 이유가 바로 이런 점들 때문이다.

베란다 문을 열면 첫새벽부터가 예사롭지 않다. 바로 눈앞에서 깜짝쇼 같은 장면이 불쑥 나타난다. 산 너머에서 한바탕의 극치가 활짝 열린다. 청계산 계곡 사이에서 둥근 불덩이가 솟구친다. 붉은 광채를 번지며 온 누리에 새날을 밝히는 태양이 놀랍고, 그 눈부심에 정신이 팔렸다. 찰나가 장관이다. 탄성이 연발 쏟아진다. 비경이다. 일출이라면 정동진을 꼽는다지만 그 곳을 무색케 한다. 집은 작지만 그래서 거실이 내 방이 되었지만, 어쩌다 내 방이 여기였을까. 궁하면 통한다더니. 사정 때문에 도시의 큰 집을 팔고 작은 마을로 왔는데, 오히려 더 큰 기쁨이 내 속으로 파고들었다.

봄이면 산천초목에 새순이 돋고 아파트 울타리가 온통 꽃 행렬이다. 생명력의 잔치가 아닐 수 없다. 여름의 녹음은 청춘과 같고, 가을, 그 천연빛깔의 조화에 감전되어 다른 곳은 돌아볼 여지가 없었다. 겨울은 또 어떠한가. 밤사이 내린 눈은 온갖 사물을 다 덮고 인생의 가려움까지도 덮어버린다. 혼탁한 물정이나 그 어떤 타협도 순백 앞에선 맥을 못 추게 한다. 눈처럼 깨끗하게 늙어 가라는 계시 같다. 산이며 숲이며 바람 공기, 마을사람들까지 그대로 모두가 다 내 영혼의 재산이 되어준다.

해질 무렵, 길섶 초막 평상에 누울 때가 나는 참 좋다. 바람 한 자락이 나그네로 나선 내 온몸을 훑고 저만치 달아날 때면, 그 찌릿한 행복감, 그 느낌 때문에 길을 나선다. 천국의 통로, 천국의 마당이다, 어디에서 무아를 찾겠는가. 시공을 뛰어넘는 고요함, 저녁나절 숲에 나앉을 때가 하루 중 가장 빛나는 나의 한 때다. 홀로 온전한 시간을 누리는 가치가 이만하면 축복이다. 이처럼 산촌 같은 자연을 곁에 끼고 사는 내 삶의 터전이, 인생 최고의 무대로 등극해버렸다.

나는 숲에 앉아 사색할 때가 가장 나다운 때이다. 숲이 주는 산소를 마시며 건강한 삶을 꿈꾼다. 숲은 나에게 욕망에 애태우지 말라는 경고를 준다. 행여 자식사랑이 넘칠까 숲 그늘에 와 가슴을 다독이곤 한다. 바람이 숲을 흔들어 말을 전한다. 그리움도 기다림도 때가 되면 녹아내린다고. 그렇게 숲은 나에게 망상을 떨치라는 가르침을 준다. 인생의 치유법을 잘 알려주곤 한다.

밤이 되면 거실 밖은 마치 까만 이불자락 같은 형국이다. 어둠 내린 고요에 휩싸이면 알 수 없는 전율이 온다. 별이 빛나는 밤하늘은 또 어떤가. 별들의 합창은 저마다 야단법석을 떨듯이 요란한 소리를 쏟아내듯하다. 호수에 비친 달빛이 그리 그윽할 수 없다. 산과 숲이 병풍처럼 에워 싼 마을에서 천지를 휘둘러본다. 온갖 세상물정이 제자리에서 제빛을 내고 있어 지구촌 밖의 세상처럼 싱그럽다. 사계절의 변화무쌍한 면면을 감상하며, 현실에 순응할 것을 다짐한다.

사계四季는 연습 없는 일상, 게으르게 살지 말라는 각오를 다지게 한다. 과천은 신이 내게 허락한 특별한 선물과 같다. 천혜를 복을 품은 땅, 산천을 내 몸에 끼고 벗으로 삼았으니 내가 사는 여기가 바로 명품 마을일 수밖에 없다. 처음엔 잘 몰랐었다. 아직도 구석구석 다 찾아내지 못한 곳이 있을 법하다. 명품마을의 의미를 배우는데 시간이 좀 걸렸다. 산과 호수와 공원이 어우러진 이 마을에서 숨 쉬며, 각박한 도시의 때가 하나 둘 벗겨지기 시작했다. 바깥세상에서 묻어온 생존경쟁의식이나 이기심이 하나 둘 내려지기 시작했다. 이웃과의 인연을 나누며 봉사의 정신을 깨우쳤다. 논밭과 산천초목으로 싸인 아늑한 마을에서 축복의 삶이 무언지, 하루하루가 축복의 시간표다.

거실이 북적대던 정월 초하루, 아들, 딸, 사위, 손자가 내 앞에 넙죽 절을 한다. 무엇을 가져 이보다 더 흐뭇하겠는가. 안으로 거느린 인생 수확이 복 아니겠는가. 내 거실은 결코 좁지 않았다. 산책로는 언제나 인파가 끊이지 않는다. 마을사람들이 찍어 대는 발걸음과 싱그러운 얼굴에서 건강한 아름다움을 발견한다. 현관을 나서면 곧바로 체력 단련 공간으로 이상적인 생활이 결합된 곳. 남녀노소 다함께 평화를 누린다. 주위에 유해상점이 없어 아이들 키우기에 가장 적절하다. 으뜸의 마을을 꼽으라한다면, 단연코 내가 사는 마을 여기가 영순위다. 사람과 자연의 열매가 영글고 벚꽃이 흐드러지게 피고 지는 과천을 말이다.

이곳 시민의 대열에 끼어 숲을 닮고 햇살을 닮아가기에 바쁘다. 생활의 여유를 배우며 날마다 콧노래를 부른다. 생의 만족도와 행복의 가치창출로 이만한 데가 또 있겠는가. 여생을 활력적으로 지내며 지나온 생애를 휴식하라 이르게 하는 마을. 내가 사는 동안에 가장 잘한 일 중 하나가 공원과 숲이 한 데 어울린 마을로 이사한 일이다. 새벽 마다 떠오르는 태양의 찬란함을 대하며 두 손 모아 엎드린다. 그냥 감사의 기적을 하늘로 쏘아 올린다. 나이 들며 뇌의 용량이 점점 줄어드는데, 산의 정기가 머리보다는 가슴으로 사는 법을 가르쳐 준다. 과학과 자연이, 사람과 숲이 소통하는 마을. 생활의 충만 지수가 드높아져 살맛을 우려 주는 마을이다.

늙으나 젊으나 삶을 순환하게 하여 주는 곳, 가난도 부자도 명예의 높낮이도 늙고 젊음도 무엇도 영원한 건 없다.

나의 생애여, 이웃과 더불어 지금 이대로 영원하여라!

라스베가스

라스베가스는 공항 입구서부터 곳곳의 전광판이 정신을 앗아간다. 획획 돌아가는 도박판의 손놀림이 그야말로 마술 같다. 눈요기만으로도 마력에 끌려 혼란스럽다.

아들은 3박 4일 여행 일정 가이드로 자청했다. 호텔 마다 외형상 건물이 호화찬란하기 그지없다. 숙박비가 비쌀 것 같아 적당한 곳으로 정하라 했더니, 아들 왈, 이미 인터넷 속에서 경매로 낙찰 받았으니 맘 놓으시란다. 숙박도 경매가 있다는 그 말이 신선하게 들린다. 모텔보다 싼값에 고급 숙박을 하게 된 셈이다.

베가스는 사막에 세워진 도박의 도시다. 색다른 세계를 체험하게 될 현장이다. 사막의 열기는 한국 기후와 전혀 다르다. 온도는 훨씬 높은데 습도가 없어 몸이 끈끈하지 않다. 지상의 열기는 새벽부터 활활 달

군다. 마치 거대한 찜통 안에서 활보하는 그런 느낌이다. 베가스의 다운타운 낮 풍경은 그저 그렇다. 밤을 위해 만들어진 도시가 맞는 말 같다. 호텔마다 특징을 살린 간판들이 중천에 뜬 듯이 뽐내고 있다. 한낮의 도시는 태양에 주눅 들어 그 화려한 빛이 제대로 발산되지 않고 있었다.

이튿날이다. 아들은 어젯밤 내가 잠든 사이 이미 게임을 즐기고 왔단다. 악마의 손짓은 재밌는 이야깃거리다. 도박 천국에서 돈을 잃고 따는 일은 상식이다. 문득 큰돈을 거머쥐고 세상을 흥분시킨 손지창 장모의 일화가 생각났다.

베가스에는 각각 제나라의 위용을 드러낸 건물의 규모나 크기가 예술이다. 예를 들면 뉴욕, 에펠탑, 스핑그스 등등 호텔 내부를 보면 그 나라의 문화와 생활양식을 그대로 옮겨놓은 축소판이다. 나라마다의 경제력과 경쟁력 싸움이 매우 치열하다. 돈에 모든 가치를 거는 곳이다.

슬슬 해가 너머 간다. 일몰이 특별한 감흥을 몰고 온다. 서양의 석양은 동쪽 나라, 한국에서 바라보던 노을과 달랐다. 서부의 서녘은 그야말로 불탕 같다. 천만도 그 이상의 자연 화력이 부글부글 끓는 형상이다. 불덩이를 확 쏟아 부은 강성의 에너지다. 보는 내내 눈의 황홀감을 감출 수 없다. 온몸에 기운을 돌게 하며 열정을 부추긴다. 붉은색과 유난히 짙은 잿빛 물감 그리고 폭발 같은 흰 구름의 조화는 어느 화가를 떠올려 저런 그림의 극치를 누리겠는가. 광활한 하늘이 그만 넋을 잃게 한다. 사막의 황혼은 그야말로 광풍(光風) 속이다. 꼴깍, 넘어가는 해넘이의 막바지 거동이 수상하기가 이를 데 없다. 그 위용이 하도 대단하여 사람의 몸에 불을 당기 듯하다. 각처에서 몰려든 나그네들 시선이 온통 서쪽 그 하늘로 집중되어 있다. 막연히 귀동냥으로만 들어오던 베가스의 저녁 풍경을 탄성을… 필설로 표현하기에 내 언어가 모자란다. 인간수명 백세시대, 건강하게 잘 살며 많이 보자는 게 해답이다.

서서히 밤이 열리며 거리에 인파가 점점 늘어난다. 슬슬 분위기가 고조되고 있다.

베가스의 밤은 그야말로 불야성을 이룬 지상 낙원이다. 거리 전체가 연회장이고 쇼룸이다. 호텔마다 설치한 거리의 화면은 나그네들 발목을 뚝 멈추게 한다. 현란한 춤사위와 도박사의 손놀림이 가히 마법의 천국이다. 도박을 모르는 나도 울렁거리게 한다. 기계가 제아무리 발달했다 해도 손가락의 속임수와 잔재미를 당해내지 못할 것 같다. 인간을 홍분시키기로 여기만한 세상이 또 있겠는가. 관광객 주머니를 노리는 수단과 방법이 기이하여 혼을 빼게 한다. 돈을 잃는 게 크게 중요하지 않은 분위기다. 슬롯머신이나 딜러의 유혹을 뿌리칠 수 없게 한다. 동을 따고 잃는 것도 여행의 과정이다. 즐거움이 여정의 수확이고 목적이다. 도시에 매력에 빠질 수밖에 없게 한다.

오후 8시다. 거리에 흐르던 음악이나 굉음이 뚝 멈춘다. 인파가 웅성웅성 모인다. 우리도 호텔 앞 거기에 합류했다. 어딘가 건물에서 종을 친다. 종소리가 장엄하다. 여덟 번 울린다. 갑자기 시내가 엄숙해진다. 잠시 후 호수 수면으로 물줄기가 솟으며 리듬을 타기 시작한다. 음악에 맞추어 율동하는 물의 자태에 그만 넋이 빠진다. 신비극을 연출하는데 몽롱해 진다. 환상 그 이상이다. 천상에 나앉은 기분이다. 세계인들 너와 내가 따로 없었다. 감동에 젖은 표정이 신비감에 싸여있다. 워터 쇼에 흠뻑 젖었다. 훌륭하다. 장관이다. 자본주의 미국의 힘이랄까 그 위대함을 칭찬하지 않을 수 없었다. 라스베가스 시 관계자는 이 곳을 방문한 나그네들 가슴에 돈의 맛이 무엇인가를 각인시켜 준 셈이다. 자식에게 받은 선물로 최고의 가치다. 다국적 국가로서 인종의 차별이 없는 자유 민주주의 국가다운 면모를 보여준다. 관광객들에 대한 예의와 보답에 소홀함이 없고 제나라의 힘을 유감없이 뽐내고 있다.

이번 여행의 계획을 세워 준 사위와 아들의 덕이 짭짤했다.

폭포가 갑자기 불로 뒤바뀌는 불 폭포 쇼, 밤을 쏘아 올리는 폭죽 쇼, 반나체로 관광객 발을 묶는 선박 쇼, 그 현란한 세상을 다 열거할 수 없다. 발길 닿는 곳마다 걸음걸음이 구름 탄 기분이고 가뿐함. 온몸이 들썩거린다. 파라다이스다. 방방 뛰고 싶다.

아들의 배려로 호텔 슬롯머신 앞에 앉았다. 20불 넣고 기계 조작하는 법을 가르쳐 준다. 1센트짜리 도박이다. 기계를 조작할 때 마다 돈이 나가고 또 들어오는 계산이 한눈에 파악된다. 도박의 도시로 여행왔는데 적당히 잃을 각오를 했다. 20불쯤 잃었을 때 그만하고 싶어졌다. 역시 돈이란 따면 엔돌핀이 상승하고 잃으면 아드레날린이 분비된다. 20불 잃는데 두어 시간 걸렸다. 시간 즐기기로는 최고의 게임이다.

일어서기가 망설여진다. 한번만 더 하고 싶은 욕심이 생긴다. 에라, 막판에 슬롯머신을 잡아당겼다. 그런데 동전 떨어지는 소리가 예사롭지 않다. 하나 둘 열 백… 계속 떨어지는데 눈의 동공이 커진다. 만면에 회색이 돈다. 놀라워서 가슴이 뛴다.

1센트짜리 540개가 미끄럼 타듯이 한꺼번에 떨어졌다. 그 희열이 좀 짜릿한 게 아니다. 사람들은 이런 기쁨 때문에 베가스를 방문하는 것일까. 도박의 즐거움을 맛보았다. 함박웃음이 절로 터졌다. 그때 옆자리 외국여성이 엄지를 치켜세우며 함께 웃어준다. 기회가 닿으면 또다시 여행 하고 싶은 곳, 도박놀이 천국 라스베가스다.

나는 인간이 살아서 숨 쉬어야 하는 또 하나의 이유를 발견하고 돌아왔다.

지금도 선연하다, 베가스 황혼의 하늘이. 마치 검붉은 피가 도는 혈기 왕성한 청년의 팔뚝에, 하얀 속살의 숫처녀가 휘감겨 두둥실 떠가는 듯한 구름의 유영을….

2부

제 3의 상위 1% 주인

소금 한 톨

기적이란 먼 데서 오지 않으므로

목표란

천장에 아버지 사진이?

건강도 생활도 일도 마법처럼

안으로 거느린 행복

슬기로운 손

하늘이 만약 외출을 허락 한다면

8만 시간의 여정 그 공식을 찾아서

제 3의 상위 1% 주인

글쓰기는 가치 있는 경험의 기록이다. 유안진님은 강의 중 '경험은 천재보다 낫다'했는데 내 생각도 선생님과 닮아 있어 공감했다.

간혹 나를 아는 주변 사람들은 이런 말을 하곤 한다.

'당신은 상위 1%야.'

그 말을 듣는데 낯이 뜨겁고 참 많은 감정이 오락가락했다. 내가 정말 그럴까. 자신에게 다시 묻곤 한다. 타인에게 그리 비추어졌다면, 무엇이 나를 그렇게, 인증토록 했을까. 자식인가, 나 자신인가? 아니면 또 다른 제 3의 무엇인가? 대개 상위1%로 불릴 수 있는 사람이라면 적어도 엘리트교육을 받았거나, 고도의 전문직을 가졌거나, 명예가 드높거나, 뼛속부터 타고난 우월한 유전자를 가졌거나 재물을 크게 가진 사람을 일컫는 말로 알고 있다.

나는 한때 남편의 보호 속에서 자식바보로 살았다. 꿈을 모른 채 꿈속처럼 살던 시절이 있었다. 그리 살던 내게, 진짜 꿈이란 것에 발동 걸린 건 내가 가장이 된 후 부터였다. 한 친적분이 나에게 이런 말을 했다. '사십 대 중반의 어정쩡한 나이에 자식도 많아서 재혼도 어렵겠다…'라며 아리송한 말을 던졌다. 그날 영혼이 흔들렸다. 가까운 사람에게 받은 마음의 상처로 인해 뭔가를 곰곰 생각하게 했다.

나를 향한 선의의 오기가 생겼다. 그 동안은 남편이라는 기둥이, 드리워준 그 그늘 안에서 숨을 쉰 존재였었다면, 이제부턴 나도, 나다운 인생을 한번 살아내 보자는 다짐이었다. 돌이켜보니 어이없는 일 아닌가. 내가 얼마나 무지몽매한 사람이었는가를 스스로 깨닫고 인정했다.

여자는 남자에 의해서만 존재하는 것인가? 이때 처음 진정한 양성평등에 대한 고민을 겪으며 자각의 늪에 빠졌다. 홀로 세상 짐을 떠맡는 일이 무섭고 두려웠다. 그러나 친척의 비하적인 그 말은 자극제로 남아 스스로를 압박했다. 계속 고통만 느낄 것인가, 아니면 무엇으로든 나의 정체를 캐어내야 할 것인가. 어디서부터 인생의 문제와 답을 풀어나가야 할지 막막했다. 나를 뒷받침할 만한 결정적 존재감의 근원을 어디서 찾아내지? 나 자신에게 어떤 변화를 요구할 것인가에 대한 해답의 첫 가닥 찾기가 오리무중이었다.

남편을 잃은 불행을 극복하면서 조금씩은 행복해질 수 있다는 입증을 하고 싶었다. 그 행복이란 조건이 내가 만들어갈 내 몫의 운명이었던 것이다. 남편 부재라는 현실은 다섯 식구에게 하나에서 열까지 가난을 암시했다. 생활의 고통을 선물로 받아들이자는 말이 이때 맴돌았다. 난관이지만 현실을 뚫고 나가면 될 일 아닌가. 그럼 뭘 해야지. 도무지 잡히는 게 없어 우선 아이들과의 생활속에서 일어나는 일기를 쓰기 시작했다. 그래야겠구나. 자식들과 생존하기도 벅찬데 시간 돈 들여 스승 찾아 공부할 처지가 아니었다. 짧은 글부터 읽으며 낙서에 몰입했다. 아이들 방에서 새벽까지 불빛이 새는 걸 확인하며, 방송국에 보낼 편지글, 생활글, 백일장, 문학상 공모 등 잡다한 글로 나를 발굴할 수 있는 요소를 만들어 가기로 했다. 여전히 의구심은 맴돌았지만 자식과 나, 두 마리 토끼를 잡자고 매일같이 다짐했다. 여전히 의심이 맴돌았다. 한바탕의 꿈을 내걸고 굿판 같은 생활의 무대를 질주해 지금 여기까지 왔다. 오직 자신의 감성 하나 믿고 신호등 없는 길을 뛰다 걷다 달리다 그렇게 왔다.

자식의 진로가 첫째 중요한 희망이었고, 나의 정체성은 두 번째 목표였다. 가정을 반듯하게 일으켜 세우는 일, 없는 것을 있는 것으로 변화시키는 일, 전업주부에서 작가로의 변신을 시도했다. 글 한 편 한 편 발표하고 검증받으며 신은 나를 거부하지 않았음을 확인하였다. 하나씩 증명하게 했다. 집안에 우환이 닥쳐 돈이 궁할 때의 절박함은 당해 본 사람만이 아는 가장 큰 힘듦이다. 세상에서 가장 높고 험한 산은 바로 생활, 그것이었다. 나날이 곡예 같은 일상의 길을 걸으며, 문학상 공모가 재미를 불어 넣었다. 때때로 삶이 오묘하고 짜릿함을 안겨주었다. 자식이 위대한 이유는, 자식이란 등짐이 고통을 희망으로 변화시킨다는 것이다. 안으로 거느린 가족들 이야기를 주구장창 썼다. 자식을 팔아 글을 썼다. 자식들 덕을 톡톡히 누렸다. 우리 환경에 과외공부는 사치였으니 오직 공교육에만 매달리게 했다. 방송국 자녀교육 프로그램에서 수상하는 일도 벌어졌다. 크고 작은 수상경력을 쌓은 데는 자식들의 기여도가 가장 컸다. 다섯 식구 지지고 볶으며 살기 위한 몸부림의 실체를, 글이라는 표현 수단을 빌려 세상 밖으로 드러냈다. 그렇게 나의 스토리를 밝히며 문학이라는 길을 걸어왔다. 대한민국 최초 오백만원 내 집 마련 체험 수기에서 상금을 타고, 잡지사에서 공모한 원고15매로 자동차를 상품으로 받았던 기억은 되돌아볼수록 짜릿하다. 가장의 역할을 톡톡히 해낸 기쁨이 이루 말할 수 없었다. 딸의 병원비도 해결되고 그 간의 쌓인 신경쇠약을 여행 한 방으로 날릴 수 있었다. 인간이 왜 여행을 해야 하는지 그 의미를 그때 비로소 처음 알게 되었다. 마이카시대에 온 가족이 자가용을 처음 탔던 날, 아이들이 '엄마, 우리도 여행을 하네. 참 좋다'라고 했던 기억이 난다. 그때 나는 울뻔했었다. 글이라 강물에 흠뻑 빠진 후 수면으로 나와보니 호흡되었다. 이렇듯 자신의 감성을 주무르며 생존의 의지를 굽히지 않았다. 나답게 살아내자, 의욕이 솔솔 바람을 일으켜, 남편 없는 생활을 구김 없이 영위해 왔다. 자신을 입증 해낸 흔적들, 어느 것 하나도 감사하지 않을 수 없다.

이건 여담인데, 일금 백만 원을 들고 주식시장에 뛰어든 적이 있었다. 공모주를 사서 생활비를 벌어볼 요량이었다. 그러나 증권이란 게 어디 호락호락 아녀자에게 돈을 넘겨 주겠는가. 어느 해 전쟁이 일어날 것이라는 보도에, 그나마 밑천이 바닥으로 떨어져버렸다. 그 백만 원이 부자들에게는 일억에 해당되는 돈일 진데… 시름시름 앓았다. 불면증에 시달리고 여위어 갔다. 우울증에 자살충동까지 생겼다. 유서 비슷한 글을 써 놓은 상태였다. 그 무렵 중학생이던 둘째가 교내 백일장에서 장원을 했다면서 상장을 받아왔다. 글의 내용을 읽고 나는 화들짝 놀랐고, 제정신이 돌아왔다. 나의 일기를 둘째가 봤던 모양이었다. 어버이날 주제로 '나의 어머니'를 쓴 글이었다. 일기 속에는 유서처럼, 자살하고 싶은 대목이 있었는데, 엄마가 아파하고 있음을 알고 앞으로 엄마에게 잘 해야겠다는 내용이었다.

아뿔싸, 딸에게 준 상처가 너무 미안했다. 딸 장원 덕에 우울증이란 병이 싹 도망갔다. 딸의 상장은 정신치료제로 명약 중의 명약이었다. 다시 제 자리로 돌아설 수 있는 기운을 주었다. 엄마로 돌아왔다. 이미 날린 돈은 잊기로 했다. 그리고 얼마 후 L증권회사에서 증권고객에게 퀴즈를 내 걸었다. 앞으로 백일 후 종합주가지수 000.00까지 숫자를 맞추는 문제였다. 귀신도 모를 그 퀴즈의 엽서가 우리 집으로도 배달되었다. 의기소침해 있는 내게 등교하던 딸이 머리맡에 놓고 나갔다. 텅 빈 집에서 무심히 엽서를 들여다보던 중 상품으로 걸린 청소기에 눈독이 들었다. 하여 퀴즈에 동참해볼 의욕이 생겨, 그 날부터 석 달 동안 경제신문을 샅샅이 읽었다. 그리고 드디어 마감 일주일 전 다섯

자리 숫자를 적어 우체통에 넣었다. 그 후 어느 날 외출에서 돌아오는데 전화벨이 요란하게 울어댔다.

"아무개 주부님 맞습니까?"

"네,"

"우선 축하드립니다. 주부님께서 대상이십니다."

살다보니 이런 놀라운 일도 터지는구나. 내가 정답을 썼다는 게 믿어지지 않았다. 그날의 장시세도 예측하기 어려운데 620.33까지 맞혔다니….

암튼 그때 우리 집으로 대형 오디오가 배달되었는데 여고생이던 막내딸이 어찌나 좋아하던지 한바탕 행복의 소동으로 웃고 또 웃었다.

자녀들이 결혼하고 할머니라는 수식어가 생겼다. 손자로 하여금 신분이 승격되었다. 막다른 골목길에서 헤매던 어제의 시간이 다 흘렀다. 그 많던 물음표에 마침표를 찍게 해준 건 자식들이었다. 비로소 내가 상위 1%에 소속된 걸 체감하게 되었다. 어머니라는 이름표에 광채를 입혀준 건 자식들이었다.

그리고 또 글쓰기가 있었다. 지역아동센터나 학교에서 글쓰기 지도를 할 수 있는 길이 열렸다. 세상 일 혼자서 이루는 건 없었다. 사실 나는 사회적 신분이라고 하기엔 많이 미흡한 사람이다. 학력도 재산도 인맥도 직장도 없었으니까. 그런데 내가 나를 아는 건 단 하나, '안 된다'는 생각을 해본 적이 없었다는 것이다. 안 될 일이 뭐 있겠어. 내가 가장 잘 아는 일은 생활의 리듬을 중히 여기는 일, 방과 후 아들딸 맞이

하는 일, 내 자리를 지키는 일이 전부였다.

작가가 되기까지 스승 없이 동분서주했다. 다섯 식구 각자의 본분을 성실히 닦아 하나같은 모습으로 꿈을 이루었다. 제사상을 아침에 준비해 놓고, 백일장에 참석한 기억은, 지금도 남편혼백에게 송구한 일이다.

상위 1%의 주인이 어디에 누구라고 국회에서 결정된 법은 없다. 어떤 사람을 지칭해야 맞는가. 내가 정하면 그게 법이다. 상위 1%, 공짜로 왔을까.

나는 그냥 보통의 할머니다. 근래 사회복지사 주선으로, 시립어린이집에서 동화할머니로 색다른 일터가 생겼다. 물론 급여도 있다. 책 만지는 일이어서 흔쾌히 받아들였다. 틈틈이 치매어른들께 동화를 읽어드린다. 할머니시간은 넉넉해서 시간재벌급에 속한다. 노인의 최종의 목표는 죽음이다. 나머지 인생계획을 잘 짜서 후회 없이 사는 길이, 잘 죽는 길이다. 일하는 할머니, 생애의 노고를 모두 덮고 새롭게 수여받은 자랑스러운 고급신분증이다.

세상은 보이는 게 전부가 아니었다. 가진 것 없이도 멋있게 살아냈음을 증명했다. '당신은 상위 1%야.' 넌지시 이런 찬사를 선물처럼 들려준다. 빈부나 학력의 높낮이에 주눅 들지 않는 밝은 성품이 나의 자랑이다. 자기다운 삶이 가장 훌륭한 삶이다. 자식들 모두 독립해 제 자리를 찾아갔다. 내 한 몸 배불리 먹고 눕힐 곳 있으면 부자다. 유니세프에 기부도 몇 년 해봤으니 부끄럽지 않다. 신분상승은 누가 시켜주지 않는다. 스스로 닦으니 꿈같은 1%의 몫이 내게로 돌아왔을 뿐이다. 남자, 여자라는 성 차별이 무슨 소용인가. 엄마 몫을 거뜬히 확인시켰다.

무엇이 상위 1%를 만들어 줄 것인가. 그 얘길 한 번 풀어보고자 한다. 위에서 말했듯이 나도 아들에게 거는 기대치가 높았었다. 어떻게 잘 키울 것인가? 어떠한 아들이어야 내가 만족할 수 있을까. 편모가정에 전업주부의 고민이 아닐 수 없었다. 연금혜택조차 없는 빵점 경제구조였다. 나는 개인적으로 대통령의 노고를 이해하는 편이다. 왜냐면 내가 결정권자의 입장이 되어보니 참으로 힘들었기 때문이다. 대통령도 나라 살림하기는 마찬가지라는 얘기다. 자애로운 엄마로 살기는 이미 틀린 처지였다. 억척엄마, 무서운 엄마, 엄격한 엄마, 이 악역을 누구에게 떠밀 것인가. 악역의 대명사가 나였다. 왜 나라고 자식을 살갑게 대하고 싶지 않았겠는가. 쓴 말보다는 달콤한 말을 나라고 할 줄 몰랐겠는가. 어쨌든 살아 내야하기 때문에 살가운 정을 주지 못했다. 꿈이 뭔지도 모르고 밥이나 퍼먹는 삼류가 될까 두려웠다. 자식들 미래는 곧 나의 미래였다. 나약한 엄마보다는 강한 엄마일 수밖에 없었다.

학창시절에 왜 공부를 해야 하는가는, 자식의 몫이라는 걸, 가슴에 못이 되어 박힐 만큼 들려주었다. 학원은 입 밖에 내지도 못했다. 감히 학원이란 말은 사치였기 때문이다. 오직 공교육뿐이라고 강조했다.

상위 1%는 가족이 협력으로 꾸준히 노력한 결과물이다. 모두 하나같이 어엿한 일꾼이 되었다. 하루하루 성실하게 살아온 그 일에 대한 보답이었다.

상위 1%, 내가 선택한 단어가 절대 아니니다. 주위 분들이 붙여준 최고의 칭찬이다. 그 말을 처음 듣고 울먹거린 적이 있다. 감동 먹은 기분을 뉘라서 알겠는가. 내가 드디어 이런 소릴 듣게 되는구나 라고.

이제는 내가 가진 무엇이 상위 1%의 부류로 낙점되었는지 말할 차례다.

오래 전에 건강신문사에서 내 원고를 보셨다. 출판사대표님께서 바로 출판을 결정하셨다. 그 책이 'MIT공대로 보내기까지'다. 초판에서 재판까지, 무명작가로는 성공이라고 어느 교수님이 말씀해주었다.

올해 학부모님을 대상으로 'MIT공대로 보내기까지' 저자와의 만남이라는 자리에서 몇 차례 강의했다. 내가 살아온 발자국이 나쁘지 않아 누군가는 전설 같다던 나의 이야기를 들려줄 수 있는 기회를 만났다. 세상에게 감사하지 않을 수 없다. 사람이 살아가는 길에는 여러 갈래가 있다. 인간이 살기에 편리한 과학적인 길, 자동차와 사람이 잘 다니도록 닦아놓은 편리한 길, 그리고 앞이 보이지 않는 미지의 그런 길이 있다. 아무도 가르쳐 주지 않는 모르는 길, 두렵고 험한 가시밭길, 가기 싫지만 걸어갈 수밖에 없던 눅눅한 길을 걸어봤다. 그 어둠의 길을 헤쳐서 닦아놓으면, 적어도 자식들만은 그 뒤를 밟고 따라오리라 믿었다. 나와 같은 처지의 사람들이 제 3의 상위 1%의 소속이 될 수 있기를 빌고 빈다.

상위 1%에 주인이고 싶다면 당장 자신을 먼저 돌아보아야 한다. 내 분수에 맞는 그릇보다는, 좀 더 큰 그릇에 생각을 담고, 최대한 할 수 있는 일을 찾기 바란다. 이 말은 우주만한 꿈을 가져야 지구만한 꿈이라도 건질 수 있다는 뜻이다. 누구도 그 길은 알려주지 않는다. 스스로 선택하고 갈고 닦아 증명하는 길밖에 없다. 남에게 인정받고 못받고는 중요하지 않다. 먼저 자기 자신에게 물었을 때, 답이 나올 때까지. 자신의 소신이 옳고 바르다면 행동으로 실천해야 한다. 되고 안 되고는 나중의 문제다. 일단 해봤다는 경험이 자신감을 준다. 그것이 영혼의 재산이 되어 길을 열어줄 것이다. 하면 그 누구라도 분명 상위 1%에 해당하게 될 것이다.

내가 사는 일이 물질의 부자와는 거리가 멀지만 사람의 재산은 많이 모았다. 생각이 바르고 건강하게 숨을 쉬면 얻을 수 있다. 지금 칠십이 나쁘지 않다. 젊어 못다 한 열정이 솟는다. 나이는 그냥 몸에 달라붙은 세월일 뿐이다.

'사람의 부자', 그리고 '영혼의 부자'로 정착되었다. 무형의 풍요를 누리는 내가 상위 1%' 일류라고 자부한다. 부디 보장성 없고 확실성 없는 헛된 것에게 골몰하지 않기 바란다. 가능한 쪽에 무게를 두는 것이 삶의 지혜다. 잘못 선택하면 평생이 고달플 수 있다. 어머니의 정신, 공교육만으로도 충분하다는 걸 세상으로 알리고 싶었다.

현재 딸 셋 중 둘이 교사, 큰 애는 약사, 아들은 S대 졸업 후 MIT공대에서 석, 박사를 마친 후 아이비엠 회사에 근무한다. 여건이 충분한 부모가 만든 결과라면 과연 박수 받을 일인가. 무에서 유로의 창출이 만든 결과여서 손뼉을 받았지 싶다.

자신의 이력서 같은 글을 쓰면서 내가 이렇게 많은 경험을 했었나, 떠오르는 기억들이 생경한 것처럼 새삼스럽다. 우리 집에서 맨 처음 한양대 영어학과 합격을 안겨준 둘째는 두고두고 대견했다. 나도 대학생 자식을 두었다는 점이 마냥 들뜨게 했다. 어느 해 아들은 서울 과학고에 셋째는 서울교대에 나란히 합격했다. 재수생 큰딸이 청와대로부터 전국대학 수석 합격자초청을 받던 날, 우리 모녀는 청와대를 방문해 대통령과 영부인의 손을 잡았었다. 경호원들 날카로운 눈빛을 피해 고개를 어디 둘 바를 몰라 했었다. 나와 큰딸의 이름이 박힌 명패 앞 테이블에 앉아 두리번거렸다. 생전 처음 먹어보는 음식 앞에서 눈이 바쁘게 돌아갔다. 영빈관의 예우가 하도 깍듯하여 어색하기 그지없었다.

어느 작가가 날더러 '불가사의'라고 한다. 처음에 무슨 뜻인지 얼른 알아듣지 못했다. 한참 지난 후에야 웃었다. 칭찬과 비하 둘 다였다. 그 분이 보기에 나라는 사람이 어떻게 아들을 MIT로 보냈을까? 하나에서 열까지 의아했던 모양이었다.

왜 불가사의라 했을까? 자식들 신분이 나한테 맞지 않는 옷으로 여겼던 것이다. 결과가 너무 커서 어이없다는 뜻을 그리 표현했을 것이다. 최후의 웃는 자가 승리자라고 했다. 지금 웃을 수 있기 때문에 상위 1%다. 기적은 타인이 안겨주지 않는다. 닦아낸 뒤에 얻는 것. 누군들 못하겠는가. 그 누구나에게 상위 1%의 가능성은 열려있다. 문을 여는 자가 이기는 자다.

거짓 같은 말 하나 해야겠다. 아들이 인천공항을 나갈 때 단돈 십 원도 준 일이 없다. 장학금이 전부였다. 이유는 간단하다. 미국이란 남의 땅에서 세계인들 속에 섞여 생존하게 하려면 아들에게 어설픈 돈을 쥐어주면 취약이 될 것 같았다. 강한 자로 일어서려면 가난을 동무삼아 의지력을 키우란 뜻이었다. 손은 빈 주머니 속에 넣고, 머리로는 이상과 현실 사이에서 고민하는 아들이기를 바랐다. 아들이 꿈을 불러 가져오기를 바랐다. 선현들의 지혜에 보면 '궁여지책'이란 말이 괜히 있겠는가. 사람에게는 자생력이 있다. 유학생의 꿈은 이상적 목표 하나면 충분하다. 돈이 많으면 돈 쓸 궁리에 시간도 몸도 마음도 뺏긴다. 아들은 이미 대학시절을 알바와 장학금으로 세상을 견디는 내공을 키웠다. 하여 미국이란 거대한 인종 속에서도 잘 풀어 가리라고 믿었다.

우리 집에 철칙이 있는데, 아들딸 예외 없이 대학 입학금 한 번 내주는 것으로 엄마의 모든 경제역할은 손을 털었다. 졸업은 본인의 몫이다. 과외알바나 장학금을 타며 반 사회생활을 했다. 정신만 건강하면 무엇도 이겨내었다. 부모가 자식을 얼마나 믿느냐가 의문이라면 의문이다. 나도 의심하며 결국 얻어냈다. 상위 1%는 나만 잘해서 가진 행운이 아니다. 가족과 사회가 뒤에서 받쳐준 결과다. 상위 1%는 협동과 노력의 보상, 하늘의 선물이었다.

요즘 노인들 이구동성으로 하는 말이 있다. '죽을 때까지 절대 재산을 자식에게 넘기지 말라.' 불효하는 자식세태를 꼬집는 말이다. 나는 이 말을 두 가지로 해석한다. 하나는 자식불신에서 나온 말이고, 또 하나는 나쁜 자식 만들지 말자다. 부모자식 법정 싸움이 심심찮게 터지기 때문이다.

나는 아들의 불효를 염려하기보다는 내 근심을 덜자는 쪽이 더 큰 사람이다. 하루 밥 세 끼 잠잘 곳 있으면 걱정을 여위어 자유롭다.

건강한 자유인 그거면 상위 1%다. 죽은 남편, 자식, 세상, 그리고 친척을 통해서 인생이란 신의 한 수를 배웠다. 고통이 클수록 빛은 더 크게 발광했다. 나는 이미 오십대에 작은 집이나마 아들이름표로 바꾸어 주었다. 그냥 좀 단순하게 살고 싶었다. 그런데 단순한 것이 엄청 거대한 삶이란 걸 시간이 갈수록 실감한다. 재물을 쥐면 생각이 많고 번잡해 진다. 생각을 놓으니 고요하고 오늘 죽는다 해도 후회되지 않겠다는 걸…알아버렸기 때문이다.

잘 산다는 것은 결국 밥 먹고, 잠자고, 꿈꾸고, 버리고… 이것이 전부다.

상위 1% 그 말조차 굳이 들먹일 필요도 없는 일이나, 나와 환경이 비슷한 다른 누구도 반드시 주인공이 될 수 있음을 전달하고 싶었다. 부모 자식 이웃이 함께 성장하는 바른 사회가 되기를 바라며….

소금 한 톨

아들 유학 보낼 때 석, 박사 마치고 귀국할 것이란 점에 의심이 없었다. MIT에서 한국여자친구를 사귀었다. 그녀는 수학과 석, 박사 통합과정을 밟고 있는 재원이었다. 남녀의 사랑이 무르익어 결혼을 했다. 부모의 유학시절에 태어난 아들의 여자 친구는 출생부터 미국 시민이었다.

아들이 공부 마치면 당연히 우리 사회 구성원이기를 소원했다. 그런데 아들이 풍기는 말 속에는 여태껏 지켜온, 나의 생활방식을 부정하는 발언이 돌출되곤 했다. 아들 생각을 하나씩 접수하며 한숨이 나왔다. 아, 어쩌지. 슬슬 싸움이 잦아졌다. 기분이 착잡해 방황했다. 아들 바라기의 결과가 이런 것이었을까. 아니면 나의 어리석음이었을까. 무한한 가능성에 도전하던 아들이 자수성가하여 대견했으나, 또 한편으로는 모자의 마음이 엇갈려 안타까웠다. 소통의 기회가 점점 뜸해져 갔다. 비밀처럼 마음의 문이 닫혀져 갔다.

나는 노년의 꿈이 있었다. 아들, 며느리, 손자손녀와 두런두런, 정을 나누며 평화로운 울타리 속에 안주하고 싶었다. 그 꿈이 아들에게는 황당했었나보다. 꿈이 깨졌다. 그네들 생활에 끼어들 수가 없다. 자유분방한 내가 영어권 땅에서 언어와 활동의 제약을 감수하며 붙어살아 볼 용기가 나지 않았다. 노년의 방향을 다시 설정해야 하는 새로운 모험의 고비를 만났다.

며느리는 아들보다 먼저 뉴욕에 소재한 모 회사에 취직했다. 아들도 뒤따라 미국 회사에 일터를 잡았다. 한국으로의 귀환은 꿈 너머의 꿈이었다. 내 인생기준표가 흔들리기 시작한 건 이때부터였다. 아들의 미국 선택을 잘못이라고 지적할 수 없었다. 그들의 미래를 어찌 내가 왈가왈부 하겠는가.

타국에 둥지를 튼 아들이 곱지 않게 비쳤다. 무슨 말을 해도 타인 같은 미묘한 감정에 휘둘렸다. 내 삶의 시계방향을 돌리게 하는 암시 같아 거슬렸다.

'평온한 바다는 노련한 뱃사람을 만들지 않는다.' 이 말이 떠올라 섬뜩했다. 나는 언제쯤이나 파도 타는 일을 멈추게 될까.

오지 않을 아들, 갈 수 없는 나, 뭘 어떻게 해야 옳을지 고민이 깊었다. 노년에 생애의 어떤 다른 길을 모색하는 일이 번거롭고 싫었지만, 피할 수 없는 막다른 골목에 부딪혔다. 안절부절, 서러웠던 기억이 지금도 생생하다. 무엇이 상책인지 모르겠으나, 어쨌든 숙제는 내게로 넘어 왔다. 내게 이로운 길을 찾아내는 것이 현명한 답일 진데…. 아들이라는 보호자의 옷을 걸치고 함께 더불어 소금 한 톨 나누어 먹고 싶었던 욕망, 그 야무진 어리석음을 털기 위해 오만가지 생각과 싸워 오늘에 이르렀다.

미국시민권자 며느리가 나의 정서로는 감당하기 무거웠다.

아들 처신을 부정할 이유를 찾지 못해 혼자 속을 태웠으나, 방법은 하나다. 내가 달라지는 수밖에는….

요즘을 혼밥, 혼술, 혼잠, 혼자의 시대란다. 피하지 말자. 어차피 나의 몫이라면 기꺼이 내 인생지휘봉을 담당하자. 새로운 포인트를 찾아서 휘둘러볼 차례다. 이제는 나만을 위해 의연하자. 나에게 감사하기로 마음 하나 고쳐먹었더니 전쟁 같던 심기心氣가 좀 누그러졌다. 약 처방이 따로 없었다. 황혼 인생 자격고시를 통과한 기분이었다.

우연히 복지관 문을 두드렸다. 노인 일자리 참여자 이름표를 여기서 찾아냈다. 국사편찬위원회 고서 정리 봉사자로, 치매어른들 고장 난 뇌의 기억을 돕는 돌보미로, 시립어린이집 동화할머니로 벌써 10년이 넘었다. 동화할머니 품에 안기는 아기들이 귀엽고 사랑스럽다. 귀를 쫑긋 세우는 아이들과 웃고 장난치며 논다. 천국의 마당이 따로 없다. 아들바라기로 속절없이 시간만 갉아먹었으면 어찌 됐을까.

아들은 나를 깨운 부처가 됐다. 노안老顔이 되기 싫으면 시대 흐름에 맞는 의식과 행동이 따라야 옳다. 아들바라기는 나와 어울리지 않았나보다. 칠십 평생을 인생의 구석구석 개척만 해온 나였다. 아들이 제 갈 길로 간다는데 왜 내가 뒤죽박죽인가. 노년의 혼란을 경험하며 생애의 과정을 거뜬히 이겨내는 삶의 기술력을 키우고 익혔다. 모자母子의 싸움은 끝났다.

이런 말이 있다. '사람은 히말라야 산꼭대기에 앉았다 한들 짊어져야 할 인생의 몫은 도망가지 않는다고.' 아들에 대한 야속함, 그 기억이 살아날 때면 염주를 돌렸다. 아들은 가장 합리적인 구실을 꿰어서 나를 떠나는데 성공했다. 조카들의 로망이고 누나들 자랑이고 대한민국 청소년들 꿈의 대상이다. 며느리한테는 가정부 같은 남편이고 제 딸들한테는 자상한 아빠다. 천륜으로 인연 짓고 사랑할 땐 영원 같고, 헤어지면 죽을 것 같더니만, 첫사랑은 이루어지지 않듯이 나에게 아들은 영원한 짝사랑이다. 모자母子는 둘 다 서로의 길을 찾아낸 승리자다. 각자가 선택한 평화의 땅에서 삶의 질적 향상과 자유를 노래 부른다.

세상 모든 자식의 최초의 신은 어머니였다.
세상 모든 자식의 최초의 스승은 어머니였다.
세상 모든 자식의 최초의 의지는 어머니였다.

어머니의 최후의 신은 누구여야 할까? 어머니의 의지는 누구여야 하는가?

나는 세상바다를 항해하며 몸과 정신이 흔들리지 못하도록 중심을 꽉 잡았었다.

칠십 고개를 넘긴 나이 앞에서 당장 눈감아도 후회는 없다. 나중에 내 죽음 앞에서 비행길 타고 올 아들, 그 생각을 하면 뇌에 통증이 심하게 압박해 온다.

효의 기본은 걱정을 안 끼치는 것이다. 자식이 집을 나설 때 '다녀오겠습니다.' 또는 여행 떠날 때 '몇 박 며칠 다녀오겠습니다.' 인사하고 안심시키는 것이 효도다.

대다수 아들은 육십 넘은 부모님께 쉴 때라고들 한다. 남들의 그런 말이 막연하게 들린다. 의무를 저버리는 무효無孝가 보편화 된 세상이다. 몸 아플 때 물 한 모금, 소금 한 톨이 그립지만 그걸 요구하면 꼰대란다. 현대판 자식들에게 그게 무슨 대수겠는가. 새벽에 눈뜨고 바라보는 아침햇살이 선물처럼 감사하다. 닿을 수 없는 구름이 떠가는 것만 봐도 그리움이 사무친다.

내가 만약에 일손을 놓는다면…. 혹여 치매가 당겨질 것만 같은 섬뜩함이 두렵다.

동안童顔 노인으로 살 것인가? 노안老顔 노인으로 살 것인가?

일하는 노인으로 변신하며 혼자 숨 쉬는 법을 만들어가는 중이다. 잃어버린 웃음을 되찾아 왔다. 웃을 수 있는 순간이 내게는 신을 만나는 것과 다름 아니다. 범종이 삼라만상을 깨우듯이, 내 웃음의 울림이 언제까지 번져나가기를….

아들의 귀환을 바랐던 게 옹졸했다. 이제는 나도 말할 수 있다. 불효

덕분에 세상공부 했노라고. 노인 되어 삶이 치열하리라고 예측이나 했겠는가. 아들에게 한국이 좁았나보다. 개인주의 서양문화를 당연시 하는 젊은이들 문화를 내가 감히 탓할 수는 없다. 다 접었다. 유학 보낼 땐 반드시 한국 사회에 이바지하기를 바랐었다. 한국 사회가 먹이고 가르쳐서 성장시켜 준 은혜를 대한민국에 이익을 보태는 일에 봉사하기를 바랐다. 세상은 변화에 순응하는 자에게 박수를 보냈다. 특히 요즘 젊은이들 외국 병에 걸려 몸살을 앓는다. 늙은 부모를 국가에 떠밀며 사회가 책임지라는 통계가 높아지는 현실이다. 내 자식도 예외이지는 않을 것이 아닌가.

노인일자리는 다양했다. 시대의 물결을 타고가자는 게 나의 처신이다. 책과 어린이들과 지내며 시간을 적절히 유용하는 기술력이 생겼다. 혼자 잘 사는 사람이 진정한 인생배우다. 어머니로서의 희생과 외로움의 값을 보상받으려 했던 건 어리석음이었다. 모자母子의 엇나간 정신궁합으로 하여금, 오히려 심연에서 잠자던 구태의식을 허물었으니 큰 다행 아닌가.

생자필멸 회자정리生者必滅 會者定離, 태어난 모든 것은 반드시 죽는다. 가는 인연 잡지 말고 오는 인연 막지마라.

글로벌 시대에 동서양 따질게 없다. 고집부리면 순리를 역행하는 뒷방노인이다. 굳이 옳고 그름을 가름하지 말자. 각자의 위치에서 자신의 틀에 맞추면 그게 답이다.

'부모자식도 결국은 타인'이라고 하지 않던가.

참으로 알 수 없는 것이 인생이고 그래서 인생살이가 재미있나보다.

때때로 일자리가 바뀌게 되면 근무조건이 맞지 않아 속상한 적도 있다. 그럴 땐 지체하지 않고 사회복지사와 상담한다. 대한민국 복지법이 참으로 훌륭하다. 복지사는 성심을 다해 도와준다. 좀 더 좋은 조건의 일자리를 보장해주고자 애쓴다. 아들이 그러할까, 딸이 그러할까. 현실에서 도움 주는 사람, 복지사가 일자리를 챙긴다. 감사하다고 몇 번이고 고개를 숙여 절을 한다. 뭐든 흐르지 않으면 고이고 고이면 썩는다. 나는 치매예방 차원에서 끊임없이 두뇌를 쓰며 일한다. 왜? 나를 지켜내야 하기 때문에.

현대는 스트레스를 달고 산다. 걱정을 많이 하면 위염이 발동한다. 대사증후군으로 나타난다. 독거노인을 부정하려 안간힘을 썼지만 허사였다. 독거노인은 치매 걸릴 확률이 가장 높은 환경에 놓인 사람이다. 아들이 반성할 대목이다. 서로가 선택한 삶의 색깔은 분명히 달랐다. MIT 공대로 보낸 그 후 직장을 얻어 지금까지 생활비로 효도한다. 나는 보이지 않는 마음과의 전쟁에서 살아나 내 자리를 챙겼다. 의기양양해졌다. 모자에게 득과 실이란 있을 수 없는 허무한 현상이었다.

현대사회는 늙으나 젊으나 일이 자존감이다. 나 자신을 받들며 하루하루 탈 없이 지낸다. 근사한 삶을 사는 셈이다. 칠십 대에 '뒤태 사십 대의 꿈'도 이루었다. 나의 반듯한 체형에 뭇사람이 찬사를 보낸다. 생각과 생활의 변화가 안겨 준 보람이다.

어느 날 나에게 엽서를 썼다.

'갑수야, 너에게 감사하다. 왜냐면 너에게 위기가 닥쳤을 때 헤쳐 가는 널 대하며, 놀라곤 했거든. 타인들이 질문을 던질 적에도 언제나 끝까지 들어주는 습관이 너의 매력이었어. 우울하고 답답할 적이면 노래를 부르거나 산책하는 버릇으로 기분을 바꾸는 기술은 탁월했어. 너의 특별한 습관에 감사해. 그리고 무엇보다 너 자신을 사랑할 줄 아는 갑수야, 혼자서 씩씩하게 살아내는 너를 존경한다. 앞으로도 지금처럼 용기 있는 갑수가 되기로 하자. 천상천하 유아독존天上天下 唯我獨尊. 천상천하 유아독존. 하늘 위 하늘 아래 오직 내가 독보적인 존재임을 망각하지 말기로 하자. 사랑해!'

하루하루가 완성의 날들이다. 가끔 몸이 아파 사람의 손길이 간절하지만, 신체가 닳는 과정에서 일어나는 노인병으로 여기면 그만이다. 노인삭신이 이만도 안하면 노인이겠는가. 간혹 전화기에 대고 소리 지르는 버릇은 아직도 못 고쳤다. 공연히 내 감정에 휘둘려 상처내곤 하지만, 이 또한 지나가는 마음의 병일뿐이다.

어떤 정신과 의사 왈, 욱 하면 외로워진다고 하지 않던가.

뒷방노인으로 살 것인가, 사회에 참여하는 의식으로 살 것인가.

선택은 자신의 몫이다. 국가의 존폐 위기가 도래하지 않는 한, 노인일자리는 지속될 것이며 실속 있는 노인복지정책에 끝없는 박수를 보낸다. 소속 기관에서는 노인 인력을 무료로 활용하며 일이 있는 곳으로 보내준다. 또한 기관에서는 일자리 창출을 통해 인권비용을 절감할 수 있다. 노인일자리는 국가 지원 사업이다. 노인이 건강하고 행복하길 바라는 의미로 창출되었으니 얼마나 감사한 일인가. 대한민국 만세다.

세상 모든 노인들께서 일자리 경험을 통해 여생의 가치를 찾기 바라는 마음이다. 왜냐면 얼굴의 주름이야 어쩔 수 없다지만 엔돌핀을 놓치면 손해다. 집에 가만 있으면 자칫 쓸모없는 노인이 될 수 있다. 일을 통해 실버파워를 발휘하며 사회참여 의식을 고취시키고 기운을 돋우면, 자식 좋고 본인 좋고, 세상 돌아감이 원활하여 평화롭다. 일은 매우 유익했다. 어디에서 어떤 일을 하더라도 자부심이 크다.

내가 지금 숨 쉬고 있다는 사실은, 살아서 존재한다는 희망이고 재산이다. 엘리트 아들을 일컬어 사람들은 성공이라고 칭한다. 명예의 높낮이도 재물이 있고 없음도 한낮 베개 위의 꿈일 뿐이다.

노인의 삶일수록 단순해야 좋다. 노인의 삶일수록 많은 것이 필요치 않다. 어느 날 TV를 보다 우연히 듣게 된 사모아 여자 말인 즉, "제일 큰 성공은 부모님 말씀에 귀를 기울이는 것"이란다. 그 아녀자 말에 울컥 목이 멘 적이 있다.

철학을 따로 배우지 말고 노인에게서 인생을 배우라는 말이 있다. 품안의 자식은 보듬을 수 있었지만 품 밖의 자식은 보듬을 수가 없었다. 가족은 논리로 꼬집는 대상이 아니다. 파도와 바다가 하나이듯이 가족은 서로 맞추어 가는 퍼즐이다. 부모 자식 조화가 없다면 아무것도 아닌 것이 되니까.

어느 날 카톡에 빨간 불이 들어와 있다.

'보이스톡 해요'

'부재중'

페이스톡 부재중이 연속으로 찍혀 있다.

특별한 날에만 반짝 보여주는 동영상이다.

손녀 얼굴과 손녀 목소리가 튀어나온다.

할머니, 추석 잘 지내세요. 큰절. 건강하세요. 큰절. 사랑해요. 손으로 그리는 하트. 끝. 내복 바람으로 넙죽 큰절하는 손녀들이 웃음을 준다.

다음은 며느리 차례다. 추석 잘 지내세요.

아들이 작은 소리로 둘째손녀에게 이른다.

세나야, "함미" 하고 불러야지.

이제 막 말을 배우기 시작한 둘째손녀가 '함미, 함미' 하다가 끊어진다. 기계음 같은 느낌에 피식 웃고 영상을 닫는다.

이런 현상이 현대인 자식을 둔 나의 명절 풍경이다.

나는 영락없는 명절 떠돌이다. 부처님 곁으로 발길을 돌리며 자유를 외친다. 서러운 영혼이 저 혼자 춤을 춘다. 울다가 웃다가, 그렇게 걸음걸음 산길을 힘겹게 오른다. 연휴가 길었다. 절간 법당에 앉아 관세음보살님 전에 아들의 무사무탈 안녕을 빈다. 절집 마당에서 산허리 허공을 본다. 숯덩이 되어 타들어간 속자락을 훌훌 날린다. 돌아서 집으로 오며 추석 연휴의 해가 저물어 간다. 진관사로 삼막사로… 지는 해에게 화두를 던진다. 나를 어쩐다냐? 이 세상에 태어난 사람은 사명을 다할 의무가 있는 것인데, 사람과 사람끼리 조화가 없다면 아무것도 아닐 진데….

어느 스님께서 법문하신다.

'산이 돌지 않으면 길을 돌아가고
길이 돌지 않으면 사람이 돌아가고
사람이 돌아가지 못할 일이면 마음을 돌려라.'

음식을 허겁지겁 먹는 것과 꼭꼭 씹어 먹는 것의 차이는 크다. 삶의 방식도 음식을 먹는 것과 다르지 않다. 아들 짝사랑도 멈췄다. 결국 사람의 최종목표지점은 무덤이다. 이 세상 떠날 때는 바람 한 자락처럼, 노을이 지듯이 모든 것 내려놓기를 소망한다. 나뭇잎이 지면 흙이 되듯이…. 그러나 산목숨일 때 소명을 다하리라.

나와 일은 찰떡궁합이었다. 일이 있어 시계바늘이 제대로 돌고 돈다. 삶의 방향을 제대로 짚은 셈이다. 일의 개념을 중요히 여기며, 잘 살기 위한 수단으로 활용했다. 노인일수록 정당해야 한다. 그게 나의 값어치고 나이 든 사람의 가치다. 일터가 있음은 축복이었다. 물심양면으로 돕고 계신 사회복지사들께 감사하다. 일은 생동감을 주었다. 건강이 허락하는 한 열심히 할 것이다.

나에게 있어 일은 신의 한수였다. 무겁던 것들이 가벼워졌다. 올해도 벌써 저물어 간다. 새해를 위한 에너지를 축적하기로 걷기운동이 제일이다. 시간을 즐기는 멋쟁이로 거듭날 것이다. 글도 쓰고 일도 하며 돈도 벌고… 자급자족이 덕목이다. 일하는 노인, 나 같은 노인이 있어 대한민국이 복지사회임을 증명하는 셈이다. 새해도 지금처럼 활력적으로 여생을 노래할 것이다. 일감주고 휴식 주는 직장은 노인 일자리밖에 없다. 겨울방학 무사히 보내고 내년 3월에 희망의 발대식에 서리라.

노년의 일터는 고르게 숨 쉬기 운동하는 곳이다.

노년의 일터는 즐겁게 노는 놀이터 같은 곳이다.

노년의 일터는 생명수 같은 아주 특별한 곳이다.

노년의 일터는 힘이 생기는 축제장 같은 곳이다.

삶의 방향을 틀게 해준 산부처, 아들에게 고맙다.

'그리운 것은 그리운 대로 내 맘에 둘 거야' 이 노랫말처럼….

이 글을 쓰며 실타래 같은 엉킴이 풀린다.

딱 한번 뿐인 '오늘' 그냥 오늘만 잘 살자.

심장 같은 아들아, 미안하고 고맙고 사랑한다.

기적이란 먼 데서 오지 않으므로

사십 대의 절망 같던 어둠이 훌쩍 지났다. 힘들었던 일들이 새로운 세상의 밑거름이 되어주었다.

2016년은 자식들 가정에 긴장감이 돌았다. 애태우던 손자들 진로문제가 줄줄이 이어져 있기 때문이었다. 희망은 언제나 꿈꾸는 자의 편이었다. 집안에 경사가 터졌다. 손자들이 각자 제 가정에 기쁨을 몰고 왔다. 쾌거다.

첫째손자가 고려대학교 전자공학과, 둘째가 안양외국어고등학교, 셋째가 경기북과학고등학교, 그리고 형들에게 치여 공부를 했는지조차 관심 밖이던 다섯째 손자까지 어깨너머 눈치공부로 교육청영재선발시험에 합격의 영광을 보탰다. 손자들이 반짝반짝 자랑스럽다.

할머니 역할은 '꿈을 가진 사람은 길을 잃지 않는다.'라고 주구장창 들려준 것이 전부다. 대한민국의 내일을 짊어질 꿈나무 손자들에게 손뼉과 칭찬을 날렸다.

어느 한 손자도 낙오되지 않고 산뜻하게 출발할 수 있었다. 제 길을 찾아서 한 계단씩 결실을 맺어간다는 것은 축복이다. 보이지 않는 신의 보살핌에 감사하다.

97년도, 나라경제가 혼란할 때 나는 중곡동 집을 팔 수 밖에 없는 상황이었다. 그때 과천으로 이사 왔다. 엘리베이터 없는 저층에 낡은 아피트였지만 환경친화적이어서 앞뒤 볼 것 없이 계약을 마쳤다. 꼬박 이십 년 만에 재건축 관리처분이 결정되었다. 하나 둘 셋 넷째까지 불러들여 고향처럼 둥지를 틀게 했다. 자식들 집 네 채가 우후죽순처럼 뻗쳐 올라간다는 꿈같은 일이 일어난 것이다. 어떤 사람은 이미 이룬 꿈일 수 있고 또 어떤 사람은 아직 꿈을 꾸는 중일 수 있는, 그 꿈 너머의 꿈이 현실화 되는 감격으로 벅찼다.

초현대식 첨단과학의 건축물로 새롭게 둔갑할 자식들 둥지를 상상하면 춤이 절로 나온다. 자식들 집 네 채가 재탄생 되는 기쁨은 오직 나만의 기적 같은 현실이자 꿈의 실현이다. 성큼 눈앞으로 다가왔다. 심장이 쿵쿵거렸다. 기적의 동력을 일으킨 사람이 나다. 꿈의 원동력은 모두 내 손으로 내 발로 찍어서 얻은 결과물이었다. 나는 내가 나를 생각만 해도 그리 장할 수가 없다. 여자 혼자의 힘으로 말이다. 자식들이 나의 노고에 대하여 함부로 말하지 못한다. 엄청나고 위대한 나의 재발견이다. 요즘은 그냥 내가 나에게 마냥 찬사를 보내고 손뼉을 친다. 모든 성과의 걸음걸음에는 나의 땀방울, 나의 고뇌, 나의 한숨, 내 신음소리가 범벅되어 알알이 박혀있기 때문이다.

자식들을 하나씩 과천으로 유도하며 정착하도록 동기부여를 만든 사람이 나라는 존재다. 전업주부의 억척경제가 뜻을 심으니 신께서는 내 편으로 돌아서주었다. 그래서 나를 대견하게 여긴다.

갑수야, 너는 누가 뭐래도 여장부가 맞다. 기쁨과 영광의 뒤안길에는 인고로 녹아든 설움을 빼놓을 수 없었다. 인고의 값어치를 하늘은 충분히 증명해 냈다.

2017년 가족과 경제의 출발 기류가 심상치 않음은 그간에 바친 노력의 결과물이다. 손자들 합격의 영광과 아파트 네 채의 기적, 이런 마당은 신이 내린 선물이다. 사람은 마음씨 하나만 바르게 심으며 뭐든 얻을 수 있음을, 이제는 장담할 수 있겠다 싶다.

이제부터는 멈춤이 성공이다. 그 이상을 추가하면 과욕이다. 아무것도 보태려 말고 지금 이대로만 지키자. 자칫 신의 노여움을 사면 몽땅 잃을 수 있는 것 또한 사람의 일인지라 헛된 생각 헛된 행동에 조심하자.

남편이 죽던 해 살아갈 길 앞에 막막하던 기억들, 새 인생 항로를 열기 위한 안간힘을 무슨 말로 다 할 수 있을까. 자식을 지킬 힘도 없었고 나를 지켜낼 힘도 미약했었다. 무엇을 지키고 무엇을 버려야할지 조차 몰라 헤매었던 기억들….

그 긴 시간 속을 유영해 오는 동안 뒤엉킨 숲길을 헤쳐 현실적 해법을 풀어서 오늘에 이르렀다. 희망은 어떤 절망도 허물 수 있음을 여실히 드러냈다.

나는 하나에서 열까지 능력 밖의 그것까지도 긍정의 사고로 성장시켜왔다. 세상 사람들과 섞여 함께 숨쉬는 동안에 경제와 진정한 자유를 배웠다.

수리산자락 숲 마을로 이주한 후 더욱 홀가분해졌다. 인생 뒤풀이가 이런 건가보다. 내려놓을 차례다. 성공의 맛을 벅찰 만큼 품어봤으니까. 이 작은 집이 궁전 같고 평화 그 자체다. 지금 누리는 고요를 금빛처럼 모시자. 이십 년, 긴 터널을 뚫고 태양을 마주하는 눈부심이 바로 지금 나의 모습이다. 나를 어머니 시켜 준 피붙이 인연들에게 감사하고 감사하다. 그네들 존재감으로 하여금 숨통이 트였고 삶의 탄력을 받을 수 있었다.

2017년 닭의 해가 밝았다. 어떤 목표도 상관 없는 일상을 살자. 예전의 낡은 공식을 훌훌 털자. 싱그러운 공기의 맛을 즐기자. 무아, 굉장한 해방감. 그것이 목표다. 끊임없이 나를 향한 의심을 거두지 말자. 새해는 숫자만 바뀌었을 뿐 묵은해의 연장선에 놓인 날짜다.

긴 햇살이 거실 안쪽 깊숙이 들어와 마루에 눕는다. 커피 한 잔을 움켜쥐고 당겨 앉는다. 강열한 햇살 앞에 무릎을 세워 자연방사선을 쬔다. 혀끝에 감치는 쌉쌀한 커피 한 모금이 목 줄기를 타는데, 오장육부까지 녹인다. 문득 생각 한 자락이 퍼뜩 스친다. '생각 없는 생각이어야 해'라고. 텅 비움의 충만.

구름만 봐도 하늘만 봐도 솔숲 가지 흔들림만 봐도 부유해진다. 세속과 단절된 숲 마을의 조화로움이다. 왜 도시인들이 도시를 떠나본 후에야 입가에 웃음을 머금는지를 좀 알 것 같은 형국이다. 햇볕과 사람을 잇게 하는 감성, 이것이 찬란한 재산 아닐까. 살림을 대폭 줄여 휑한 공간, 여백이 오히려 가슴을 채운다. 작은 집의 감사함이, 못 가져 안달복달하던 고민과 고단함을 뛰어 넘긴다. 무엇도 초월하게 하는 시공간에 대한 예우는 맑은 정신을 생산하는 일이다.

일상이 고요해 좋다. 지난 삶 속의 무게조차 미소로 반겨진다. 마음의 감기, 스트레스는 허락하지 않는 곳이다. 그냥 온몸의 혈액순환을 한껏 돕는다. 깨달음이다. 자연의 법칙대로 살라 이른다. 몸 안의 노폐물이 씻어지는 느낌이다. 햇살이 무릎에게 전달하는 쾌감은 어느 유명의사의 처방보다 큰 하늘의 치유법이다.

일상이 공부다. 사람은 제각기 길이 있고 줄이 있다. 먹고 웃고 잠자고 또 일어나는 것이 생활이다. 베란다 유리창 너머 산허리 위로 그림이 펼쳐진다. 코발트색 하늘에 흰 구름이 넉넉하게 풀어헤쳤다. 황진이 치마폭 같기도 하고 사대부 집 마님의 조신한 치마폭 같기도 하다. 오늘 맑음이라는 징조다. 눈이 맑아지고 가슴이 환해진다. 자연의 궁합은 어찌 이리도 오묘할까. 자연은 인간의 작고 초라함을 가르친다. 맑음도 흐림도 마음 따라 움직이는 것. 아무 이익을 구하지 말란다. 아무 바람을 가지지 말란다. 그냥 바라보게만 한다. 머릿속이 하얗다. 무아를 만났다. 궂은일이나 곱지 않은 생각은 털끝만큼도 용납하지 않겠노라. 엄숙한 풍경이다. 바람 없는 갑수가 되기로 했다.

숲 마을에선 부지런해질 수밖에 없다. 볼일 보러 들고 나는 시간이 길어졌다. 걸음은 더 가뿐해지고 뺨에 닿는 찬 공기가 몸의 기류를 빠르게 순환시킨다. 산자락의 매력 1호로 꼽힌다.

마루에 앉았는데 등허리가 햇살을 먹는다. 척추를 녹이는 따뜻한 느낌에… 참 오랜만에 몸이 호사를 누린다. 어깨 쪽으로 빛살이 기어온다. 겨울 볕이 자근자근 핏줄기를 끓이듯 한다. 문득 이불 홑청 생각이 나서 뜯고 갈아 끼웠다. 겨울햇살은 유난스럽게 등줄기를 타고 스민다. 숲 마을 환경이 삶의 의미를 부풀려 준다. 가슴을 데운다.

눈이 어두워져 바늘귀에 실을 꿰는 일이 큰일인데 필사적으로 몇 번을 비틀대다 간신히 바늘귀에 실이 꽂혔다. 한 땀 한 땀 꿰매는데 옛날이 살아서 온다. 하얀 광목이불에 풀을 먹여 다듬질 하고, 퇴근하는 남편을 기다리던 그때가 말이다. 홑청이 바스락바스락 신혼 때의 잠자리가 천국이었다. 이제 그가 오지 않은 날짜가 삼십 년 되어간다. 그런데 오늘 그 기억에 꽃을 피웠다. 그를 만나보듯이 이불홑청을 꿰매었다. 아름다운 날을 불러주는 싱그러운 숲 마을에서 옛사랑이 살아난다. 아! 좋다, 잊어야 한다지만 이런 평화를 가져오게 하는 부부금슬까지 망각할 필요가 있을까. 참으로 오랜만에 이불 바느질 하는 손길에게 추억이 우러나는 한나절이다.

눈뜨면 자연 반사적으로 하늘로 눈길이 끌려간다. 먼 데를 보라는 계시다. TV 보는 시간이 줄어든다. 저절로 시력운동이 일상과 연결되는 셈이다. 노안으로 점점 나빠지는 시력에 크게 도움 될 것만 같다. 예측이지만 좋은 예감은 빗나간 적이 없다.

천당의 의미는 걱정거리가 없고 그곳에 가면 마음이 착해지고 편안해지는 그런 곳이라고 어느 글에서 봤다. '수리산 둥지가 혹시 나의 천국?' 그런 생각으로 즐긴다.

성공이란 단어가 숲 마을에서는 무색할 수밖에 없다.

하늘 아래 첫 동네가 별을 보고 웃으란다. 바람이 지나가며 몸에게 전한다, 웃으라고. 숲속마을 공기를 호흡하며 숲의 기류를 배운다. 칠십 년을 급하게만 달렸다. 수리산 자락의 생활은 천천히, 느리게를 가르친다. 음식도 좀 제대로 챙겨 먹자. 밥 한 끼니일지언정, 과식으로 부대껴 병원 다니는 것보다 소식이 평안하다.

숲 마을 환경을 꿈꾸고 꼭 칠십 년 걸렸다. 오롯이 나의 생각 나의 힘 나의 노력으로 건져올렸다. 아무도 나를 챙겨주지 못한다. 참 다행이다. 나를 사랑할 기회를 스스로 만들어 내었음이 무척 감사하다. 나이가 들어서 가끔 이유 없이 몸이 아프다. 물 한 모금 떠다 줄 손길이 아쉽긴 하지만 그것도, 자식을 성공만 좇게 하여 성공시킨 내 탓이다. 자식들 어른 되고나니 가까운 자식도 멀고, 먼 데 자식은 더 말해 뭣하랴.

어젯밤 늦게 막내딸이 퇴근 후 왔다. 설렁탕 한 그릇이 내게는 만찬이다. 딸 사랑을 먹은 포만감에 나른하다. 말로 주고 되로 받는 것이 자식사랑이다. 사위가 보일러 점검하며 안 쓰는 방은 약하게 내가 쓰는 방은 강하게 돌려놓고 갔다. 사위사랑 갸륵하다. 자주 찾아오지 못하는 맞벌이 부부들 바쁜 일상의 고충을 내 어찌 모르랴.

갑수야, 아무리 생각해도 넌 장하다. 꿈이 너를 따라왔을까 아니면 네가 꿈을 좇아다녔을까. 꿈을 꾸는 사람은 길을 잃지 않는다고 했다. 수리산 자락이 꿈꾸던 유토피아다. 과천에서 몇 정거장 더 움직여 여기까지 오게 되었다. 내 그림자와 동행하며 칠십 고개를 넘기고서야 비로소 만난 세상이다.

도시의 불빛이 없어 좋다.
자동차 소음이 없어 좋다.
적당한 거리를 걸어 좋다.
사람들이 소박해서 좋다.
겉치장이 수수해서 좋다.
민낯 얼굴이 돋보여 좋다.
마을버스가 출발 시동을 걸어 좋다.
저녁이면 돌아올 수밖에 없어 좋다.
종점 귀가버스는 비어 있어 좋다.
종점 출발버스는 기다려주어서 좋다.
그래저래 종점인 이유가 살맛나게 하여 좋다.
숲속 정서가 나와 궁합이 맞아서 좋다.
하늘에게 마음을 띄워서 좋다.
천국을 차비 없이도 오갈 수 있어 좋다.

좋은 것만 보자고 작정했더니 이도저도 그래서 참 좋다.

평생을 도시 소음, 사람 소음, 잰걸음으로 살다 공기가 폐를 씻어주는 느낌이 더욱 좋다.

정적이 휘감아 돌아쳐서 좋다.

비밀처럼 숨바꼭질 같아 좋다.

숲 마을에 반해버린 나의 혜안에 감사하고 좋다.

갑수야,

좀 외로우면 어떠냐.

눈이 고프면 하늘 보러 길을 나서고

귀가 고프면 바람소리 솔숲으로 가자.

발이 고프면 철쭉 길을 따라 걷고 또 걸어 봐.

겨울햇살이 너를 반기러 거실로 오지 않더냐.

눈부신 아침 선물, 무엇을 만나 체감지수가 그리 황홀하겠어.

겨울햇살이 '우주' 그 이상이 아니더냐.

참으로 오랜만에 나를 위한 밥상을 차렸단다. 내 손놀림을 감상하며 웃었단다.

그래, 갑수야 고맙다. 밥상다운 상을 차리고부터 소화불량이 사라졌단다.

뭣을 해도 나를 위한 행위에 감사가 거듭 터지는구나. 장보기 하며 생존을 실감한다. 영양섭취가 중요함을 잊지 말기로 하자. 나를 위한 시장나들이가 재미있네. 무엇이든 할 수 있는 일만 하기로 하자.

앉거나 서거나 눕거나…. 스스로의 힘에 닿는 소소한 것에 마음을 내기로 하자.

닦되 닦음이 없어야 하고 깨닫되 깨달음이 없어야 하고
말하되 말함이 없어야 한다는 스님의 말씀을 깊이 새겨라.

네가 해본 것만이 참된 스승이란 걸 이미 공부했지.
뭔가 해본 사람이 제일 강한 사람이라고 말이다.
삶은 항상 실천했을 때 기쁨을 얻어 냈거든.
바른 생각을 행동으로 옮길 때 강자가 되는 것임을 망각하지 말자.
삶의 자세는 오로지 행동에서 결과를 맺는다는 것도 말이야.
하나도 둘도 마음의 세탁기를 돌리기 바란다.
마음 챙김을 놓쳐서는 안 되는 것도 알고 있겠지.
눈발이 날리더니 하룻밤 사이 앞산의 속살이 하얗게 드러났네.

와우! 구불구불한 산허리가 그림이다. 자고 새고… 눈 선물 풍광에 사로잡혔다.

아, 이것 또한 기적이 아니고 뭐겠어. 기적을 대하며 나에게 감동하는 중이야.

갑수야 넌 기적을 창조했어. 역시 넌 근사해.

늙은 사람도 젊은 사람들도 꿈을 꾸는 데는 차별이 없지 싶다.

세상타협과 무관한 이 찰나가 참으로 좋구나.

지금 내가 선 자리가 기적의 쉼터란다.

여명을 타고 산등성이로 흐르는 분홍빛 하늘이 신의 연출이었어. 경탄하는 중….

삶이란 게 모두 행간에 놓여있었음을 새삼 느낀다, 갑수야.

2016년 가는 해 아쉬워 말고 2017년 오는 해 기쁘게 맞이하여 우리 잘 살아보자.

목표란

이 글은 학부형 강의할 때 쓰는 자료다. 'MIT공대로 보내기까지' 저자와의 만남을 요청하면 청소년들에게 꿈을 전하는 내용이다. 강의를 듣거나 책에서 본 이야기 혹은 나의 이야기를 쓴 글이라는 점을 밝힌다.

꿈, 희망, 소망, 미래를 집약하여 하나로 묶으면 '목표'라는 단어가 된다. 목표를 세운 사람과 목표를 세우지 않은 사람의 인생을 보면, 십 년 후 결과는 하늘과 땅 차이로 드러난다. 복지관에서 어르신을 만났는데 이렇게 여쭤 봤다. '어르신들 소원이 뭡니까?' 소원도 없고 그냥 저냥 살아왔다고 하셨다. 그런데 생명을 가진 사람은 그냥저냥 살기 위해 태어난 사람은 세상에 한 사람도 없다. 그렇다면 더욱이 청소년은 명확한 목표를 세워가지고 살아야 하는데….

아들에게는 뚜렷한 목표가 있었다. 유학이라는 목표가 그것이다.

수첩에 목표를 적고 천장에도 적고 눈에 보이는 곳 마다 목표를 적는 사람과 그렇지 않은 사람은 분명 존재감이 다르다. 목표는 늘 고백처럼 메모해도 넘치지 않는다. 그것이 잘 살고 성공하기 위한 필수적 실천이 되어야 한다. 인생의 목표는 기록이 첫째다. 머릿속으로만 세우지 말고 반드시 메모하고 기록해야 한다. 가슴에 못이 박히도록 주구장창 들려주어도 넘치지 않는 말이 목표다.

하버드 어느 교수님이 쓴 '하버드 경영대학에서 가르쳐주지 않는 것들'이란 책에서 보면 다음과 같은 조사결과를 발표했다. 하버드대학원이라면 천재들이 다니는 학교다. 더 이상 말할 필요가 없다. 교수님은 1979년 졸업생에게 명확한 목표를 세웠는지 물어봤다. 앙케이트 조사를 했다. 그 똑똑한 수재 졸업생들 중 3%는 목표를 명확하게 세워서 기록했고, 13%는 머릿속으로 목표를 잘 세웠고, 나머지는 84%는 구체적인 목표가 없었다. 교수님은 하버드경영대학원의 졸업생을 십 년 간 추적을 했다.

십년 후 놀라운 결과가 나타났다. 졸업생을 다시 조사해보니 목표를 세워 기록한 사람과 목표를 세우지 않은 사람들 수입에서 돈벌이의 차이가 확연히 컸다. 예를 들어 목표 없이 졸업한 84%의 사람들 수입이 3백만 원이라면 머릿속으로 목표를 세운 13%의 사람들은 6백만 원, 그리고 명확하게 목표를 세워 기록했던 3%의 사람들은 나머지 97% 사람들보다 열배에 해당하는 3천만 원의 수입을 벌고 있었다. 십 년 간 그들의 인생을 추적했는데 명확한 것은 기록을 한 사람과 기록하지 않은 사람의 차이점이 엄청 컸다는 얘기다.

목표가 뚜렷했던 아들의 수입은 현재 상당한 연봉 수준이다. 미국사회는 세금 내는 액수로 사람의 급이 결정될 만큼 자본주의 사회다. 아들 내외는 내가 평가하기로 상류생활을 하는 편이다.

반드시 목표를 세워 기록하라.

분명한 목표가 성공을 이룬다.

독일의 어느 장군의 어린 시절은 자기 반에서 가장 게으른 학생이었다.

장군의 담임선생님은 자기반에서 가장 공부 못하고 가장 게으른 이 학생에게 이런 제안을 했다.

"얘야, 만약 네가 이번에 받아쓰기시험에서 백점을 받으면 내가 너의 소원을 들어주겠다."

"진짜입니까, 선생님?"

그 소원은 하루 종일 악대를 불러 음악을 듣고 종일 놀 수 있게 해주겠다는 약속이었다.

말을 달리게 하려면 당근을 주어야 하듯이… 학생은 그 말에 힘을 얻었고, 선생님 말씀을 믿었다. 그날부터 잠 안자고 불철주야 열심히 공부를 했다. 그 결과 한달 후에는 정말 백점을 받았다. 그러나 선생님은 약속을 지키지 않았다. 학생은 허탈감에 빠져 다시 꼴통으로 게으름뱅이로 돌아갔다. 그런데 아이는 그 후 그때의 불타는 열정으로 공부했던 그 기억이 남아 있었다. 학교를 졸업하고 사회인으로 성장하는 과정에서도, 그 기억을 다시 살려 마음속 열정과 기억으로, 인생의 성공을 위하여 최선의 노력을 했다. 그 후 아이는 세계에서 가장 유명한 장군으로 성공하게 되었다는 실화다. 분명한 목표만이 내가 원하는 곳으로 데려다 준다는 뜻이다.

목표는 과정 자체에 행복을 준다. 주위에 정말 행복한 사람을 관찰해보면, 그 사람은 무엇 하나도 정말 열심히 하는 사람이다. 맡은바 분야에서 미친 듯이 일하는 사람이 행복한 사람이다. 아무런 목적이 없이 그냥 시간에 빠져 있는 사람에게 성공은 다가 올 리 없다. 성공은 인생의 특별한 목적이 아닐 수 없다. 즐겁게 하고자 하는 의지를 세워 그 길을 잃지 않고 가야 한다.

크던 작던 유명하든 유명하지 않던 간에, 작은 노력이 쌓여서 성공의 물결을 타게 된다. 성공이 차올라 행복한 인생을 이루는 것이다. 어떤 이는 여행이 성공이고 또 어떤 이는 봉사가 성공이고… 이렇게 목표는 상황에 따라 각양각색이고 어떤 것이 좋고 나쁘다고 단정 지을 수 없다. 목표를 이루기 위해서 한 걸음 한 걸음 걸어 갈 때가 중요하다. 걸음걸음이 모여 큰 길을 이어서 가게 된다. 목표는 하나씩 이루어져 가는 것으로 조바심을 내어서는 안 된다.

목표를 명확하게 세워 기록해라. 골백번을 말해도 목표의 기록은 성공을 부르는 진리다.

다음 이야기는 책에서 본 내용이다.

태평양함대 사령관이 있었는데 함대 대대장의 이·취임식이 있었다.

별 네 개의 장군님이 함대에 오다가 어딘가에 걸려 견장이 찢어져버렸다. 확성기로 방송을 했다. 비상이다. 이·취임식에 가시던 대장님의 견장이 찢어졌는데 별 네 개의 견장이 필요하다고 방송을 했다. 30분이 지나도 소식이 없었고 아무도 견장을 가지고 오지 않았는데, 헐레벌떡 어떤 젊은 소위가 견장을 가지고 숨차게 뛰어왔다. 그때 대장이 물었다.

"어떻게 소위가 대장의 견장을 가지고 있는가?"

"네, 대장님, 제가 소위로 임관할 때 여자 친구가 반드시 대장으로 승진하라며, 대장 견장을 선물로 주었습니다. 그래서 대장의 꿈을 가지고 간직하고 있었습니다. 지금도 열심히 소임에 임하고 있습니다."

그 소위는 목표를 이미 세운 젊은이였다. 열심히 맡은 바 소임을 다하여 드디어 별 두 개의 자리에 오르게 되었다. 물론 여자 친구는 그 소위의 아내가 되었다. 바르고 확고한 목표를 세웠기 때문이 아닌가. 목표는 세우지 않으면 안 되는 것이다. 반드시 명확하게 세워서 절대로 되게 하라는 이것이 목표의 뜻이다. 목표가 확고했던 소위는 여자 친구의 선물 때문에 확고한 목표를 세워 놓았던 것이다. 대장의 꿈을 이루기 위한 노력으로, 대장이 되었다.

목표를 정확하게 세워라.

예로, 여행을 하며 천국을 달리는 것이 꿈이라면 줄곧 여행과 천국을 쓰고 외워라. 목표를 정하면 입버릇처럼 외워두어라. 자신의 목표만큼 평범한 진리는 없다. '나는 반드시 잘 될 거다. 꿈과 희망을 가지면 술술 풀리게 되어있다'라고 주문하듯이 말이다.

목표에 도달하는 확실한 방법은 그 목표를 향해서 앞으로 나아가는 길이 최고의 비책이다. 이것이 성공하는 비결이다. 인생은 장거리 달리기다. 멀리 내다보고 한 걸음씩 나가는 것, 넘어지면 다시 일어나면 된다. 목표를 세워라, 그것이 목표다.

천장에 아버지 사진이?

정자가 착상하기까지의 여정은 매우 험난하다. 2억 마리의 정자 중 오직 한 마리만 난자에 착상한다. 사람은 태아 때부터 생존하기 위해 경쟁을 배운다.

아들은 왜 천장에 아버지 사진을 붙였을까? 아들은 자궁에서 잉태되는 그 순간부터 어머니와 교감을 한다. 서로의 뜻을 느끼게 한다. 모성은 자식에게 어떤 원동력을 끊임없이 제공하기를 소망한다. 생명의 가치와 존엄성을 가르친다. 영유아기, 아동기, 그리고 청소년기를 거치면서 교육이란 매체를 통하여 인격을 형성시켜나가는데 이 시기에 모성은 인격형성에 큰 영향을 미치게 된다. 모성은 불가분의 관계를 유지시키는 역할을 도맡아 하게 된다. 또한 모성을 통해 가정에서 사회로 관계를 확장시켜 나간다.

모성의 입장에서 아들을 객관적으로 바라보기는 쉽지 않은 일이다. 사회 속에서 활동할 수 있는 한 사람의 인간으로 성장시키기 위하여 지속적인 노력을 바칠 수밖에 없는 것이 모성적 관계다.

나는 지금 미국행 비행기에 탑승하였다. 엔진소리가 요란하게 기체를 흔들며 활주로 위를 서서히 움직인다. 창밖의, 지상의 모든 것들이 한국의 땅임에 틀림없는데 오늘따라 그리 생소하게 비칠 수가 없다. 나는 왜 비행기를 탔나. 자신에게 질문을 던지며 지그시 눈을 감았다. 옆자리 앉은 아들의 숨소리가, 마치 나의 숨소리처럼 크게 들린다. 아들과 나란히 앉아 미국으로 여행하는 환상을 그렸던 적이 있었는데…. 스물다섯 살의 청년 아들, 세월을 경유하여 보상을 받은 기분이다. 꿈결같은 이상의 실현, 그 현장에 앉아 있는데 불현듯이 아들의 탄생이 생각난다. 아들이 탯줄을 끊고 나온 무더운 여름날이다. 칠월 초삼일 첫 새벽 축시에 첫울음을 터뜨렸다. '개구쟁이라도 좋다, 튼튼하게만 자라다오' 기도 속에서 나날이 자랐다. 세 누나들 틈 속에서 고추 하나를 달고 나와 주어 얼마나 많이 웃게 하였던가. 아들은 이미 그때 孝를 다하였고 모성과의 계산을 끝낸 셈이다. 무엇을 바라봐 그처럼 신명나게 웃을 수 있었겠는가. 지금 지나간 꿈들이 하나 둘 되살아나고 있었다.

다섯 살 적이다. 아는 분으로부터 '꼬마박사' 같다는 칭송을 들었다. 그 기억이 사는 내내 가슴에서 함께 살았다. 지금도 역력하다. 그날 아들 손을 잡고 꼭 박사 만들고 싶은 목표를 가졌기 때문이다. 꼬마의 손은 청년의 손이 되어 무쇠처럼 단단해졌다. 어른이 되었다기보다 어떤 강렬한 에너지의 원천을 소유한 남자의 존재감으로 우뚝 솟았다.

하늘에서 바라보는 또 하나의 하늘나라는 숨 막히게 아름다웠다. 하늘 神에 홀려 숨통이 조여들 듯이 넋을 잃을 지경이었다. 아들과 함께 눈앞에 펼쳐진 천국의 마당이 내 품안에서 놀고 있었다. 꿈꾸던 것들이 나의 것이 되었음에 한없이 감사했다.

앞으로 아들은 여러 인종들과 어깨를 겨루며 지성의 전당에 몸을 담고 또 한바탕의 전쟁 같은 학구열정을 바쳐야 한다. 누구도 보살펴 줄 수 없는 미국이란 곳에서 자신과의 투쟁을 통하여 자아의 세계를 구축해 가야 한다. 청소년 시기의 역경을 헤쳐오던 경험을 망각하지 않는다면, 아들은 어떤 험난한 고비도 뛰어 넘을 수 있을 것이다. 세계인으로 거듭 태어날 것을 믿어 의심치 않았다.

아들과는 태어날 때부터 줄기차게 교감을 나누었다. 비록 아들과 떨어져 산다 해도 영혼의 교감은 죽는 날까지 어디로 도망가지 않을 것이다. 아들 따라서 MIT 대학을 견학하러 가는 중에 비행기 안에서 잠시 잠깐 사색에 젖어 보았다. 돌아오는 그날부터 아들과 이별이다. 연인 같은 그리움이 슬퍼도 참아야 했다. 견딜만한 가치가 있는 고통이다. 희망처럼 사람에게 신바람을 불러일으키는 건 없었다. 이상적 실현을 위하여 도약하는 희망(아들)의 앞날에 건강과 발전을 위하여 기도할 일이 아직 내게는 더 남아 있다. 모성의 氣는 그대로 아들에게 전달될 수밖에 없다. 간절히 기도하는데 어찌 통하지 않고 배기겠는가.

아버지에 대한 기억을 망각하지 않기 위해, 그리고 아버지와 함께 있음을 느끼기 위해 천장에 아버지의 명함판 사진을 붙여놓고 공부한 아들이었다. 그 모습은 언제 돌이켜 봐도 아름다운 시간 속의 수채화였다. 모든 음식과 주거 생활의 색깔이나 전통 문화가 확연히 다른 미국 땅이다. 새로운 문화를 접하며, 고국의 집안 정신을 망각하지 말라 이를 것이다.

피붙이 사랑에 무슨 말이 필요하겠는가. 나는 넉넉한 맘으로 편안하게 둥지를 지켜나가리라. 나는 아들 덕분으로 구름 타고 앉아서 지나간 흔적을 돌아보며 옛 필름을 사색하고 음미하는 중이다.

건강도 생활도 일도 마법처럼

오래 전에 샘터극장에서 법정스님 강의 소식을 신문에서 보았다.

그해 가을, 대학로 노란은행잎 공원을 떠올리며 동서에게 전화를 했다. 동행을 약속하고 극장에 도착했다. 좌석은 이미 차버렸고 통로까지 꽉 찬 상태였다. 객석의 뜨거운 손뼉을 받으며 스님께서 등장하셨다. 명성만 들었는데 이처럼 열광일 줄은 미처 몰랐다. 말씀 말씀이 귀에 감겨 가슴으로 닿는다. 그 중 우주의 모든 일은 '마음이 만드는 것'이라 하시는데, 심장이 뛰었다. 그게 마음이었어? 도대체 나도 모르는 나와 이런저런 생각에 휘둘려 살았던 것이다. 부끄러웠다. 집에 오는 내내 '마음' 단어가 뇌리에 꽂혀 신선하게 나를 자극했다. 법정스님을 뵌 이후 불교에 관심이 쏠리기 시작했다. 철없던 때 어머니 따라 생각 없이 엎드려 올리던 절의 행위가, 자신을 낮추는 몸짓이었음을 알았다. 아직 발을 들이지 않은 미지의 세상이 궁금해졌다. 이때부터 법정스님의 책을 빌려 읽으며 스승님으로 섬기게 되었다.

남편이 병환으로 가족들 곁을 떠난 후, 어린 사 남매를 오롯이 혼자 짊어진 내 어깨가 무거웠다. 생활이란 수레바퀴에 짓눌리고, 기름칠 같은 돈벌이가 끊긴 환경은 늘 눅눅했다. 가족들 얼굴에서 웃음이 사라졌다. 안팎의 살림과 교육과 생존을 책임져야 하는 나날이 고단했으나, 스님말씀을 새기며 마음을 밝게 가지려 애썼다. 삶의 방향을 새로 모색했다. 모자가정이 꼭 불행이란 법은 없을 터인 즉, 행복하기 위한 용기가 필요했다. 엄마이름표 하나로도 다섯 식구 둥지가 보금자리로 다시 일어날 수 있음을 꿈꾸며…. 이렇듯 생각을 바꾸도록 변화의 계기를 심어주신 스님께 감사했다. 행복도 불행도, 마음을 살피며 살아온 행위의 발자국으로 인하여 만들어지는 것임을 하나씩 깨우쳤다. 마치 신세계를 발견한 듯했다. 나만을 고집하고 등졌던 세상과 소통되는 느낌이 생겨 차츰 얼굴에 웃음이 돌아오고 있었다.

동네에서 4키로 쯤 떨어진 산중턱에 '기원정사'가 있다. 주섬주섬 옷을 입고 새벽길을 걷노라면 어느새 발길이 절에 닿는다. 산등성이 너머로 분홍빛 여명이 비친다. 산사는 적막했다. 법당에 향을 피우고 부처님 앞에 엎드렸다. 무릎 꿇고 두 손을 모으는데 갑자기 뜨거운 수액이 볼을 타고 흘러내린다. 나도 모르게 터진 울음소리에 움칠, 내가 더 놀라워했다. 왜 눈물이 나지? 까닭모를 눈물이. 나는 무엇에 감전되듯이 온몸으로 전율이 왔다. 혼미했다. 부처님께로 내 설움이 전달된 것일까. 가여워 은덕을 주신 걸까. 높은 자리에서 지그시 바라만 보고 계신데… 이게 뭐지! 머릿속이 하얀 동그라미처럼 텅 비는 느낌, 생활 속에서 시끄럽던 근심걱정이 한 순간에 사라지는 고요함에 휘감겼다. 제 몸을 태워 어둠을 밝히는 촛불 앞에서 알 수없는 어떤 세상을 보여준 관세음보살님, 그 미소는 이십 수년이 지난 지금도 안고 산다. 그때 흐느꼈던 기억은 잠시 잠깐도 떠나보낸 적이 없다. 언제나 감격으로 회상되었다. 법당 밖을 나와 허공을 향해 쏘아올린 말, 우리 가정을 완성할 수 있는 건, 오직 내 마음에 달렸을 뿐이라고….

나의 기도는 항상 모자가정을 잘 지켜내자. 외로워 말자. 꿈을 심어주는 엄마가 되자.

'관세음보살님, 저에게 지혜와 용기를 주소서, 심지를 굳게 세워 흔들리지 않게 하소서'

부처님이 항상 그 자리에 계시듯이 나는 안방의 등신불이길 빌고 빌었다.

그런데 예측할 수 없는 게 인생이라더니, 남편과 사별하고 3년쯤이다. 딸이 허리통증을 호소했다. 근처병원을 갔는데 큰 병원 의뢰서를 써 준다. 머리칼이 쭈뼛 일어서며 어지러웠다. 불길한 예감으로 심장이 오그라들었다. S대 병원에서의 최종판단은 '척추거대세포종양'. 장애후유증을 장담 못한다는 결론이었다. 듣도 보도 못한 쓰나미 같은 공포에 또다시 휘말렸다. 왜 하필 내 딸이냐고? 두 번째 위기다. 남편과의 암 투병이 악몽처럼 되살아났다. 목숨 줄을 놓고 돈의 문제가 제일 컸지만, 오직 살려내야 한다는 간절한 일념뿐이었다. 수술하고 일 년쯤 지났다. 회복단계 중 정기검진 과정에서 의사로부터 날벼락 같은 재발통고를 받았다. 고통과 시련이 멈추지 않는다. 늘 웃음을 자청하던 낯꽃이 사라져갔다. 재수술을 감당하는 일이 엄청난 모험이었다. 왜냐면 예후가 나쁜 환자를 봤던 터라, 용단을 내리기 쉽지 않았다. 우왕좌왕 하던 중, 명성여중 담임선생님한테 연락이 왔다. 어느 사찰의 노스님 침술을 제안하셨다. 재발 이후, 나는 현대의학에 대한 불신이 컸다. 매사에 고독한 결정자 역할이 힘에 겨웠다. 건강이 무너진 딸 갸륵하고 안타까웠다. 앞뒤 따질 여유가 없었다. 선생님 의견을 받아들였다. 무조건 보따리 싸들고 산사의 스님을 뵈러 발길을 재촉했다. 해가 지고 땅거미 질 무렵 이천의 영보사에 도착하여 스님을 친견했다. 전후 병환을 말씀드렸더니 난감해 하시는 표정이셨다. 더 이상 물러설 곳이 없어 공양 간 일손을 돕고 숙식을 하겠노라며 매달렸다. 허허… 하시며 차마 내치지 못하고 허락하셨다. 우연의 일치겠으나 침술스님 법명도 법정이셨다. 참 묘한 인연이었다. 정신의 스승과 생명의 스승, 동명이인 스님을 의지하고 다음 날부터 침술과 쑥뜸으로 딸의 치료에 돌입했다. 기도와 병행하신다는 설명이셨다. 우리 모녀는 그제야 안도의 숨이 나왔다. 나는 집을 오가며 자동차가 절실했다. 딸의 생사기로에서 기진맥진 몸이 점점 여위었다. 딸에게 최선을 다하리라 그 맘뿐이었다. 스님의 손끝 인술에 희망의 빛을 부여잡고 기운을 차리는 수

밖에는…

그 무렵 모 잡지사에서 '행복 에세이 대 공모' 광고를 냈다. 수상 상품 곁에 레이싱 모델이 폼을 잡고 있는데, 자동차가 기적 같은 선물로 비쳤다. 넘볼 수 없는 꿈이었지만, 왠지 나는 설렜다. 자동차, 그 꿈에 도전해보고 싶었다. 행복의 소재가 궁색한 지금 환경에서 행복한 회화를 끌어내기란 무리였으나, 내 나름의 행복을 상상하며 그 밤에 연필을 쥐었다. 담담하게 나의 이야기를 써내려갔다. 산중의 절과 집을 오고가는 동안 길 위를 누비며 틈틈이 초고를 다듬었다. 자동차라는 꿈에 부풀어 고통이 사라진지도 모르고 있었다. 모 아니면 도라는 의심과 야심이 야릇하게 교차했다. 교정을 거듭하며 혼신을 다 바쳤다. 자신의 생각을 종이에 적어 옮기는 일은 위대한 작업이었다. 정직하게 온 맘을 가다듬고 행복의 나래를 펼쳐갔다. 글은 나와 세상을 교감케 하는 다리의 역할이었다. 육필 원고와 씨름하며 계절이 오는지 가는지 몰랐다. 그해 가을 우체통에 원고봉투를 넣고 오랜만에 하늘을 보았다. 아무도 대신할 수 없는 내 모습을, 내가 무척 사랑했다. 삶이 치열할수록 나를 단속하고 채찍질하며 더욱 자신감을 가졌다. 자동차는 우리 집 행복예감 같은 선물이었으므로….

발표 날, 김주영 소설협회장님과 양귀자작가의 최종 심사평을 읽으며 우리 가족은 펄쩍펄쩍 만세를 불렀다. 딸에게는 건강 확신, 푸른 신호등처럼 자동차가 덥석 안겼다. 아버지 없는 애들에게 가장의 역할을 제대로 한번 홈런으로 연결했다. 운전을 배우고 다섯 식구 첫 나들이로 용문사를 갔다. 그때 딸이 '엄마, 우리도 차가 있으니까 너무 좋다' 그 말에 또 울컥, '당신 수고 했구려'라는 남편의 환청이 들린 듯 했다. 불행이 바닥을 쳤는데 행복이 무슨 수로 달아나겠는가. 기쁨이 하도 벅차서 한바탕 울음을 쏟았다.

스님의 침술과 쑥뜸, 법당에서 올리는 기도염불목탁소리가 하늘을 찔렀다. 백일 되던 날 스님께서 나를 불렀다. 다시 검진하라는 명령을 내리셨다. 재수술 통고를 주셨던 주치의를 만나 그간의 사정을 고백했다. 현대과학을 불신한 죄목이 컸으나 일단 재검사 확인한 후 결과 때 상담하자 하셨다. MRI 사진으로 본 딸의 척추가 말끔해졌다. 의사가 고개를 갸우뚱 의아해 하면서 완치판단을 내렸다. 스님의 민방인술은 기적적으로 딸의 삶을 재생시켜주셨다. 스님과 모녀는 염불과 의지와 기도의 삼위가 소통하여 소원성취, 장애를 날려버렸다. 두 분, 법정스님께서 나의 가정에 부처님 가피를 입혀주셨다. 병마와 싸워 이긴 딸은 볼수록 자랑스럽다. 투병 중 못 다한 공부를 다시 시작하여 교사임용고시에 합격, 새 출발했다.

모자가정의 꿈이, 꿈길 따라 울다 웃다 하며 나는 어린이집 이야기 할머니로 거듭났다. 관세음보살께 엎드려 애탔던 그 시간들, 구름 가듯이 날려서 우리들 웃음꽃을 피워냈다.

책가방뿐인 환경, 사는 일이 때로 갈팡질팡 온통 물음표뿐이었는데, 마음 다스리는 법에 눈이 뜨이면서부터 두려움이 잦아들기 시작했다. 생활처럼 무서운 게 없었다. 하나에서 열까지 내 몫이었으니까. 간혹 애들에게 쓴 소리를 마구 쏟아내고 혼자 몰래 웅크리고 울었던 기억들. 때때로 지금 사는 상황이 잘 사는 것인지, 의심과 집착이 쌍둥이처럼 발동 걸리곤 했다. 세월 따라 살아보니 살아져 여기까지 왔다. 아버지를 일찍 잃은 아들이 어른 되었다. 이제 나를 기대지 않고 내 손길이 아니어도 제 몫을 하며 독립해 산다. 반듯한 사회일꾼으로 우뚝 섰다. 자식덕분에 자식들로부터 자유를 보상받았다. 스님께서 '행과 불행은 지금 앉은 자리에서 마음을 관찰하는 것이다'라고 하셨다. 모자가정의 주인공은 다섯 식구 전부였다. 각자의 일에 열중하니 집안풍경은 나날이 화목했다. 검은 머리가 은빛으로 날릴 즈음에 이런 평화가 선물처럼 다가왔다. 꿈결 같고 부처님 가피력이었다. 내 마음 하나에 따라 웃음과 눈물이 범벅되곤 했었는데…. 자식을 향한 목표, 그 꿈이 있었기에 헛되지 않게 잘 성장할 수 있었다. 스님께서 알려준 마음공부는 옹색하던 나를 넉넉한 성정으로 가꾸게 해주셨다. 자신의 능력 그 이상을 바라는 것은 욕심이고 탐욕이었다. 지금 이대로가 나에게 안성맞춤 행복임을 깨달았다.

자식들 훌훌 각각의 세상으로 날아가고 오롯이 나 혼자 남았다.

세상에는 두 가지 길이 있었다. 꿈만 꾸거나 꿈을 이루거나. 그동안 안으로만 거느렸던, 힘들었던 경험을 세상 밖으로 승화시켜보고 싶은 꿈이 생겼다. 하여 나는 틈틈이 종이와 연필을 챙겨 낙서를 시작했다. 생활 속 이야기를 쓰며 울고 웃었다. 사사로운 일상도 글의 소재가 되었다. 글은 생각을 언어로 표현하여 나타내는 마음의 흔적, 모자가정의 역사로 정리했다. 가슴에 쌓여 있는 아직 다 꺼내지 못한 마음을 걸러내는 작업이었다. 잘못 된 점을 참회하여 씻어내기로 이만한 수련이 없었다. 몰입의 경지에 빠져 재미있었다.

사실 나는 제대로 갖춘 자격증이 없다. 남편도 학력도 배경도 돈도, 가진 것이라면 자식 향한 용기가 전부였다. 꿈으로 가는 길은 하면 된다가 아니고 '안 하면 안 된다'는 그 신념이었다. '하면 된다' 그 말은 그냥 단어일 뿐이다. 안 하면 안 되는 그 절박함은 인내하며 강한 긍정의 힘으로 이끌어내게 했었다. 왜 간절한가는 부닥쳐 당해 본 사람이나 알게 된다. 오직 나밖에 해낼 수 없는 중차대한 책임, 엄마라는 사명이 끝없는 고독을 견디게 한 것처럼, 흐르는 물을 보며 순리의 공식을 터득한 것처럼, 우리 집 평화가 공짜로 얻어진 게 아닌 것처럼, 가족의 웃음 공식을 스스로 알아낸 것처럼, 건강을 꿈을 찾기 위한 도전과 모험에 손뼉을 쳤다. 때때로 '나는 누구인가'라는 화두를 놓지 않는다.

금년 정월 초삼일, 불교와는 무관한 후배와 통도사, 해인사, 송광사 3사 기도 동참 순례 길에 나섰다. 후배는 여행의 개념으로 길을 나섰는데, 사찰에 도착하고부터 점점 말수가 적어졌다. 미묘한 감정 흔들린다는 느낌을 말해주었다. 다행이었다. 나는 후배에게 불교가 쓰다 달다 시다 쓰다 설명할 만한 그릇이 못되는 처지다. 그냥 보이는 만큼 느껴보라고 했다. 길동무삼아 동행했는데 반응이 괜찮아 포교의 가능성이 엿보였다.

통도사 불보전의 새벽3시, 불법당의 근엄함과 스님들 옷자락의 위엄을 말로는 표현이 어려웠다. 생생한 예불, 예술 같은 승려들 몸짓과 걸음과 정진… 숨소리마저 멈춘 듯이 정적이 흐르는 곳. 문득, 극락이 여기였을까. 직접 보는 것이야말로 불도공부로 최고의 수련이었다.

해인사 법보전은 이틀만 개방 한다 들었다. 앞마당 흙을 밟는 것으로도 거룩한 공부였다. 멀리 앞산이, 머리 위로 구름이, 스적거리는 찬 바람이 모두 법문이었다.

송광사 승보전, 산신각에 줄지어선 사람들. 특별한 영험을 체득하기 위한 불자들 기도물결이 추위를 녹였다. 건강과 축복을 비는 아름다운 광경이었다. 템플의 기억이 고스란히 앉은 송광사, 그래서 더욱 마음이 닿는 곳. 계곡 돌다리 건너 뒷길로 난 대나무 숲길과 어스름 해질녘 굴뚝에서 피어나는 저녁연기가 또한 백미였다.

법정스님의 본향, 불일암으로 오르는 길목에는 뭇사람들 발길이 끊이지 않는다. 무소유의 불심나무 아래 소박한 팻말이, 샘터극장에서 위풍당당하시던 옛 모습과 겹쳐 그립게 했다.

무박 2일 여정을 마쳤다. 집에 오니 몸이 천근만근이었다. 아침에 눈을 뜨는데 통도사의 그 장엄한 법의 열기가 회자되어 선연했다. 올해의 계획은 순례법회를 0순위로 정했고 4월까지 차질 없이 진행되고 있다. 닮고 싶은 소리 없는 그 미소를 감히 닮을 수나 있겠는가. 언제나 절 마당에 서면 흙도 하늘도 구름도 석양도 산등성이도 바람도… 천지가 법이었다.

삶은 늙으나 젊으나 돌고 돈다. 마음의 자리를 찾아주는 명상의 고요함, 그 찰나가 참 좋다. 나를 위한 행복여행을 증명하는 시간이다. 나다운 모습으로 숨을 쉬어야 그게 정답이다. 건강한 몸으로 어린이집에서 천사 같은 아이들에게 동화이야기를 들려준다. 신세대 시니어답게 일하며 자유롭게 늙어 가리라. 딸의 건강을 되찾기 위해 몸이 여위고 입이 타들어 갔던 기억들이 모두 사라졌다. 법정스님의 인술과 쑥뜸으로 딸의 의지력이 살아났고 더불어 내 불심의 키도 성큼 자랐다. 두 분 스님께서 현실에는 존재하지 않지만 늘 내 가슴에서 깊게 호흡하게 하신다. 두 분 법정 스님 은덕으로 부처님 가피를 입고 정신도 육신도 건강하게 재활한 딸이다. 세상 일 혼자서 이룬 건 아무것도 없었다. 스승님 가르침이 제대로 사는 길을 열어주셨다.

후배랑 나란히 만공회 불사에 가입했다. 월호스님 웃음과 법문은 중독성이 짙었다. 방송 때마다 퀴즈를 4지선다형으로 쉽게 풀게 하셔서 더욱 가까워질 수 있었다. 법문 중 가장 인상 깊었던 점은 네 박자 노래였다. '앉으나 서나 관세음보살, 자나 깨나 관세음보살, 떠오르는 관세음보살, 죽으나 사나 관세음보살…' 우리는 십이연기송과 사념처송을 함께 외우며 서로 마주 웃었다. 불교는 복음, 도음이라 하셨는데, 내게 있어 불교는 멀고 아득한 길이다.

진정한 푼수가 되는 그날까지, 나를 바로 보는 그날까지, 보살의 꿈을 이루려 노력하련다. 옆길로 한눈 팔 새 없이 휘돌아 온 한 세월이 지난 밤 꿈결 같다. 후반부 생애도 잘 살도록….

법을 모르던 나, 어느 스님께서 자존감이고 진리라 하신다. 아! 그거

였구나.

법을 만나 옳은 길을 헤쳐 왔기에 건강도 생활도 일도 마법처럼 펼쳐 올 수 있었다.

안으로 거느린 행복

며칠 전 비가 온다는 일기예보를 듣고도 길을 나섰다. 상봉터미널에서 곡수행 첫차를 타기 위해서다. 큰딸에게 아침식사 준비를 대충 얘기해 두었다. 내 손으로 챙겨 먹이지 못하고 애들보다 먼저 집을 나서 맘이 편치 못하다. 당일에 왕복 행보를 하려니 사정이 어쩔 수 없다. 아이들의 인사를 뒷전으로 받으며 종종걸음을 쳤다. 두어 시간 남짓 걸려 옥현리 입구에 당도했다. 국도에서 멀리 보이는 산등성이를 향해 3,40분쯤 걸어간다. 낚시터를 돌아 언덕배기에 오르면 동네 끝자락에 낮은 토담집 한 채가 이른 아침 햇살을 안고 앉아 있다. 그 집은 그냥 바라보기만 해도 나를 설레게 하는, 내 나이 쉰 두 살에 마련한 나의 집이다. 이름하여 잣나배기 마을. 논배미 위쪽으로 호수가 있고 둘레에는 높낮이가 알맞은 산들이 병풍처럼 싸고 있다. 흐린 날에는 산천초목 사이사이로 물안개가 뭉게뭉게 피어난다. 태곳적이나 지금이나 변함없는 하늘땅의 생명력과 조화를 생생한 그림으로 펼친다. 마치 극락으로 통하는 문이 열린 듯하다. 무아의 경지에 빠져 걷는다. 자연의 순수함이 베푸는 넉넉함, 그것은 내 깊은 속 찌꺼기를 토해 버리게 한다. 법문보다 더 법문 같아 많은 것을 깨우치게 한다. 앞으로도 정직하게 살아야 함을 다짐하게 한다.

울타리 없는 마당에 발을 놓으니 맑은 공기가 뺨에 닿는다. 미소가 절로 돈다. 옷자락을 훑고 달아나는 바람도 신발에 밟힌 흙도 예사롭지 않다. 이곳에, 내 평화의 숨소리가 클래식처럼 번지고 있다.

아! 나의 터가 여기였구나. 신음 같은 기쁨을 뱉으며 뿌듯했다.

십여 년 전, 남편이 병환으로 세상을 떠나면서 얼마 되지 않는 퇴직금을 내 손에 쥐어 주었다. 사 남매 교육비 뒷바라지도 만만치 않은데 집 장만은 생활 여건상 맞지 않았다. 허지만 나는 그 꿈을 현실로 이루기 위한 계획을 세웠다. 퇴직금 절반을 아이들 몰래 은행에 맡겨두었다. 생활이 쪼들릴 때면 꺼내 쓰고 싶은 맘이 간절했었다. 충동을 누르고 허리띠를 졸라맬수록 목표를 향해 꿈이 자라고 있다는 사실이 숨통을 트이게 했다. 약 이천 만 원쯤 됐다. 계약 만기가 되어 돈을 찾으러 갔다. 창구에서 돈을 세어주던 여직원에게도 눈인사를 건네던 청원경찰 아저씨께도 고마웠다. 돈다발을 들고 은행문턱을 넘어서 고개 들어 하늘을 보았다. 그 순간 나는 눈물이 핑그르 돌았다. 구름 저 편에서 남편의 환영이 아른댄다. '당신 수고 했구려'라고 까맣게 잊은 사랑의 언어들이, 금방이라도 햇살과 함께 쏟아져 내릴 것만 같은 환청에 사로 잡혔다. 내겐 심짓불 같던 남편이고 아이들에겐 정신적 지주였던 그였다.

이 돈이면 서울을 벗어나 작은 집을 마련할 수 있을 거란 생각을 했다. 교직을 천직으로 알고 성실했던 남편의 짧은 생애가 담긴 돈, 사는 동안 몸 바쳐 일했던 그의 혼백이 담긴 돈이 이만큼 컸으니…. 그의 분신들과 내가 영원히 기억할 수 있는 보금자리를 장만하는 것이 마땅했다.

나는 올봄 내내 집을 사기 위해 동분서주 했다. 경기도 일대를 구석구석 누비며 돌아다녔다. 서울 근교에선 전세금도 안 되는 돈으로 집을 사겠다고 나선 자신이 때론 황당했다. 용기를 내자 용기를…. 아직 남아 있는 용기와 자신감을 나만의 재산처럼 맹렬히 끌어안았다.

꼬박 석 달을 그 일 하나만을 위해 집착했다. 넓은 세상을 헤쳐 오며 내가 가진 돈이 거금이라고 여겼던 것은 착각 중의 착각이었음을 여러 번 느꼈다.

부동산 직원의 말투 끝에 거침없이 나오는 액수는 가히 상상해 본 적조차 없는 큰돈의 이야기뿐이었다. 남의 돈이지만 허황된 돈 냄새를 맡을 적마다, 내 어리석음의 한계를 보는 듯 했다. 그럴수록 순리에 따르자며 자신을 다독이곤 했다. 때 묻히지 말고 바른 정신의 자세로 가다듬었다.

어느 날 용문에 사는 친구한테 연락이 왔다. 텃밭이 딸린 집이 있으니 빨리 와보라는 것이다. 한 숨에 달려갔다. 서울과는 먼 거리지만 조금만 더 부지런을 떨면 출퇴근, 등하교가 가능해 보였다. 그 무렵, 내가 가진 돈으로 반듯한 집을 구하기란 터무니없음을 알았다. 몇 번을 그만둘까 고민했었다. 더 찾아볼 여력이 사그라질 때쯤이어서 나는 뒤도 돌아보지 않고 계약을 마쳤다.

전형적인 촌마을 농가다. 이젠 나도 집이 있구나. 꿈속처럼 전원에 집을 마련하던 날부터 사는 것이 신명났다. 아무에게나 자랑하고 싶은 마음으로 들떴다. 이런 감정이 행복이구나. 희망이 하는 일에 절망이 없었다. 중도에서 포기하지 않은 일은 아주 잘한 일이었다. 지금 내가 있는 이 자리에 서서 만족할 줄 아는 그런 사람이 되고자 했다.

우리 집은 수도꼭지를 틀면 산에서 내려오는 생수를 그대로 받아 마실 수 있다. 땅 위는 온통 초록 물감이 출렁이고, 맑은 공기는 폐활량을 넓혀준다. 석양의 붉은 노을이 두 눈을 황홀케 하고 넘실대는 뜬구름은 탄성을 지르게 한다. 구불구불 시골길은 또 얼마나 정감어린가. 물소리, 새소리, 풀벌레울음, 밤하늘의 별빛은 나를 시인되라 한다. 다음 달 하순이면 여기가 모자가정의 현주소가 된다.

그날 새벽, 폭우가 쏟아진다는 방송을 한 쪽 귀로 흘리고 나는 가뿐한 걸음으로 대문을 나섰다. 텃밭에 심어놓은 오이랑 가지랑 호박이랑 고추 등을 거두어 오기 위해서… 뒤편 감나무에 감이 주렁주렁 매달렸다. 마음의 어둠을 걷어내니 온 세상이 환하고 풍성하게 비친다. 아침에 엄마 없는 식탁이 썰렁했을 것이다. 어서 가서 아이들과 함께 저녁을 먹어야지. 우리 농산물 한 보따리를 머리에 이고 돌아왔다.

애들이 아직 귀가하지 않아 다행이었다. 바쁘게 일손을 놀려 저녁 준비를 서둘렀다. 입맛 당기는 반찬을 그릇에 가득히 담았다. 먹지 않아도 배가 부른 이 느낌이 좋았다. 모성이란 이런 것일까. 자식들에게 먹일 것이 충분하면 나는 그만 부자가 되고 만다. 한 끼니의 만찬을 차리기 위한 분망한 하루였다.

큰딸의 벨소리가 울린다. 이어서 하나 둘 막내까지.

"엄마, 일찍 오셨네요. 먼 길에 피곤하시죠?"

하면서 어깨를 주무른다. 직장인 두 딸과 대학생 남매를 밥상머리에 앉히면 내 자리는 어느새 임금님 옥좌로 둔갑한다. 그 흐뭇함이라니… 뜨거운 피도, 탄력 있는 살도, 뛰는 심장, 사랑, 영혼도, 음식 먹는 입을 통해 가족이 살아 내일로 가는 목숨의 소중함을 본다. 더욱 열심히 살아야겠구나. 다섯 식구 활짝 웃을 수 있는 귀한 시간이다. 아울러 내 삶의 보람을 껴안는다. 이런 순간이, 내가 가장 행복해 하는 순간이다. 긴 세월 애들을 다독이며 행복은 스스로 가꾸어 내는 진실임을…

슬기로운 손

밤늦게 손바느질로 옷을 꿰매던 나의 어머니는 산타클로스였다. 자고 나면 엄마의 옛날 옷이 내 옷으로 둔갑되어 책가방과 나란히 놓여 있곤 했었다.

어머니는 육이오로 아버지를 잃었다. 잠깐의 생이별이 영영 이별이 될 줄 짐작이나 하셨을까. 가슴의 멍울을 담배연기로 날리셨다. 간혹 나를 앞세워 무당집을 찾아가 생사를 확인하실 때, 아버지가 살아 계신단 점괘가 나오면 안도의 숨을 몰아쉬셨다. 기약 없는 아버지를 기다리는 표정에서, 여인의 기다림과 생존의 노곤함이 역력하게 비쳤다. 목숨부지에 급급하던 피난길에서도, 땟국에 얼룩진 딸을 씻기며 군건히 생활을 지켜낸 어머니다.

이산가족 찾기 방송이 온 국민의 심금을 울리던 무렵, 모녀는 행여

기쁜 소식이 닿을까 전화에 귀를 세웠다. 허지만 소망은 끝내 닿지 못했다. 그 후. 내가 스물두 살 되던 동짓달에, 어머니는 시름시름 앓더니 급기야, 홀연히, 먼 길을 재촉해 가셨다. 어머니, 세 글자만 생각하면 금방 뜨거운 것이 뭉클 치민다.

가느다란 목소리로 '희망가'를 부르던 숯검댕이 그 속을 뉘라서 알까.

나도 딸에게 옷을 손수 지어 입혔다. 자투리 천에 정성을 잔손질하면 예쁜 옷이 만들어졌다. 바느질 할 때면 어머니 손결을 느낀다. 모성의 유전자가 고스란히 전달되었지 싶다. 점점 판박이 같은 솜씨에 놀라곤 했다.

어머니는 하늘나라에서 자신의 딸이 홀로 된걸 알고 계실까. 어머니 떠나시고 이듬 해, 나는 교사남편을 만나 혼인했다. 술 좋아하던 남편은 일찍 병을 얻어 짧게 생애를 마쳤다. 인생의 숙제를 못다 풀고 미리 떠난 사람들이다. 생로병사 없는 천상에서 장모 사위는 눈을 마주쳤을까. 어느 날 꿈속에서 함께 뵌 적이 있다. 물안개가 꽃구름처럼 너풀대는 아득한 곳에, 나란히 거니는 모습이었다. 그 꿈을 통해 두 분은 근심걱정 여의었음을 알린 셈이다. 구심점이던 두 분이 앞서 생을 거둔 후 유증이 컸다. 집안의 질서가 무너졌다. 누구의 잘못도 아니었다. 유병이 유죄였다. 이미 닮아버린 어머니 팔자에 끌려가면 안 된단 생각뿐이었다. 문제의 본질을 해결하기 위해, 재앙 같은 어두운 생각을 한 순간에 잘라야 했다. 어머니의 딸만으로도 은혜였으니까. 현재를 똑바로 보자. 팔자를 긍정의 에너지로 바꾸자. 새로움을 모색하자. 제대로 살기 위해 끊임없이 진실에 접근하며, 내 방식의 삶을 추구해 왔다. 그게 내가 떠맡은 운명이었다.

어느 해던가. KBS방송에서 재활용콘테스트 광고를 보았다. 젊은 날 남편의 몸치장해주던 묵은 옷이, 장롱을 열 때 마다 눈에 들어오곤 했는데, 이리저리 궁리하다 잠을 설쳤다. 버리기엔 아쉬움이 남은 옷 한 벌을 추켜들었다. 혼백 같은 옷의 가치를 살려낼 요량이다. 예술로 말이다. 가장 귀히 모셨던 양복을 꺼냈다. 남편의 체취도 만질 겸 쓰임새를 곰곰 생각했다. 내 옷으로 재활용하리라는 밑그림을 그렸다. 갇힌 옷에게 날개를 달아주고 싶어 가슴이 설렜다. 한때는 그의 삶을 찬란하게 꽃피우던 시절의 옷이다. 그가 천직 같던 교단에서 분필가루를 묻히던 옷. 거울 앞에서 생전의 멋을 부리던 옷, 내 앞에서 열정과 섹시로 발광하던 옷이다. 걸음걸음 활력이 넘치던 옷. 그의 혼이 배인 옷을 차마 처분할 수 없어 간직해온, 그 비밀스런 옷은 내 남편의 존재감이었다. 우리들 순정이 올올이 박힌 옷. 내 삶이 마감되고 신이 허락하는 날에, 부부영혼을 함께 태워 구름으로 사라져갈 옷이다.

숨이 멈춘 옷을 흔들어 박음질을 뜯기 시작했다. 내 황당한 행동을 딸이 말렸다. '아버지 옷이 어떻게 엄마의 옷이 되겠느냐고?' 딸은 제방으로 건너가 펑펑 울었다. 그리움이었을까. 담담한 가슴으로 조각난 천을 다림질했다. 옷본을 맞추며 자르고 재봉하고, 가위소리를 사각사각 냈었다. 딸이 몹시 안타까워했으나 못 본 체했다. 보름쯤 걸려 완성했다. 목선이 부드러운 윗저고리와 짧은 통바지 투피스로 변장했다.

마감 이틀 전, 벽에 걸린 여성정장을 본 딸은 놀라워했다. 의욕이 전달되어 어엿한 작품으로 탄생되었다. 보자기에 싸들고 방송국 앞에서 어리둥절했다. 이신우 디자이너가 총 심사를 주관하셨다. 관계자는 참가자를 모델처럼 걸음을 연습시켰다. 방송 타는 기분이 어색했다. 환한 불빛 아래서 찰칵찰칵 촬영이 진행되었다. 많은 사람들 품평회가 있었다. 최종 심사를 마치고 아나운서가 내 이름 석 자를 호명했다. 심장이 팔딱팔딱 뛰었다. 수상의 영광을 안은 나 자신에게 경이로웠다. 밤도 망각하며 일사불란하게 손을 움직여 성취라는 심장이 뛰는 쾌감을 뜨겁게 맛보았다.

내 손은 마음의 종이 되어 충직한 도구 역할을 해주었다. 어찜 닳지도 않는다. 쓸모없던 물건에게 손길을 주면 새롭게 둔갑하는 재주를 부렸다. 생활을 창의적으로 끌어올려 신바람이 났었다. 손은 일상의 도우미로 참 고마웠다. 어머니 핏줄, 이 손으로 당당하게 생활을 닦았다. 손을 바르게 사용하면 행복이 풍선처럼 부풀어 왔다.

갑수야, 잘했어, 자신을 칭찬하며 꿈 너머 꿈의 선택에 손뼉을 쳤다.

바늘을 기술도구로 활용하여 하찮은 것을 승화시켜왔다. 어머니 솜씨를 물려받은 내 손끝에서 어머니를 재발견하곤 했다. 어머니가 보고플 땐 바느질감을 매만진다. 나이 들수록 손놀림을 멈추지 말라하셨다. 그 말씀에 담긴 이치와 의미는 생활에서 맞아 떨어졌다. 어머니는 공기 같은 분이었다. 나쁜 생각은 피의 순환까지도 막히게 하는 거라며 나를 순화시켰다. 어머니의 몸가짐과 언행을 본보기로 삼아 나를 이겨낼 수 있었다. 사는 날까지 맑은 정신교육을 깊이 새길 것이다.

오늘따라 더욱 그리움이 사무친다. 종이문살에 달빛이 스미던 밤에도 등잔을 밝히던 어머니. 바람에 삐걱대는 대문소리에 행여 인기척인가 두리번거리던 어머니. 소식 끊긴 아버지를 손가락 꼽는 시간 속에서, 꿋꿋하게 안방을 지켜내신 자랑스러운 그 분께서, 이 철부지 딸을 용케도 잘 키워주셨는데, 내 어찌 잊을 수 있겠는가. 살면서 제일 힘든 건 알 수없는 혼란을 겪을 때였다. 사는 게 뭐지?

나도 모르는 짜증 같은 염증이 일어날 때, 어디에 대고 요구할 수 없는 한이 서린 매듭을 풀기로, 바느질만한 것이 없었다. 여자라는 감각이 요동치면 욕망을 다독이는 수단으로 바느질을 했다. 한 땀 한 땀 방정식 풀듯이 꿰매며, 모녀의 대물림 같은 팔자의 고통을 삭혔다. 내가 탁한 감정의 노예로 빠지지 않은 건, 세상 일 하늘의 뜻으로 체념하던 어머니 덕분이었다. 신이 인간에게 준 최고의 선물이 망각이라 했다. 사람이 막연히 늙어가는 불안한 감정은, 시간이란 놈 앞에 어쩌면 사치 같은 거 아닐까. 힘들지 않았던 날보다 힘든 날을 더 사랑했기에, 지나온 모든 기억들에게 감사하다. 가위질 덕분에 손가락 관절이 무뎌졌지만, 죽은 옷을 부활시켜 삶의 멋을 부렸다, 희열이 컸다. 주위로부터 옷의 찬사가 선물처럼 들릴 때, 웃음이 화장처럼 번졌다. 옛 인연의 옷을 새 시대로 이어서 재창출의 가치를 찾았다. 횡재였다. 바늘과 실, 재봉틀 그리고 회상을 보태어 인생의 어떤 지도 한 편을 그려냈다. 내가 옳게 살기 위해 돌아보고 또 돌아보았다. 인생의 주인공은 나였다.

엊그제 남편 제삿날이다. 잠자리에 들었는데 딸이 훌쩍훌쩍 운다. 흠칫 놀랐다.

"무슨 걱정 있니?"

"아니에요, 엄마,"

"그럼 왜 울어?"

내 손을 잡으며 엄마가 불쌍하단다. 하마터면 나도 함께 울 뻔했다. 홀어미 때문에 많이 아팠었구나.

내가 어머니의 딸로 어엿하고 싶었듯이, 딸이 교사로 우뚝 섰다.

나는 딸에게 여러 번 회초릴 든 적이 있다. 자식의 본분을 알라, 꿈을 멈추지 말라, 겸손 하라는 매였다. 어머니께서는 회초리와 약과 같은 쓴 말을 아끼는 부모는 부모가 아니다 라고 가르쳤다. 그 훈육정신을 되풀어 써먹은 효과는 원인과 결과의 상속으로 나타났다. 매의 뒷맛은, 탕감의식, 반성, 후련함, 됨됨이, 향상의 변화를 불러왔다. 초등교사가 된 딸, 그냥 내게 온 행운일까. 보이지 않는 그 뜻을 얻기 위한 노력의 부상으로 믿었다. 나는 딸에게 어떤 엄마였을까, 딸은 나의 무엇을 알까.

삼 대의 인연, 어머니와 나 그리고 딸의 존재, 이 순간이 나의 미래다.

오늘 거울 앞에 섰다. 은색머리와 주름진 얼굴이, 어머니가 그 속에서 웃고 계셨다. 나처럼, 딸도 제 자식에게 외할머님의 생명력 같은 정신의 곧음을 훈육할 것으로 믿는다.

하늘이 만약
외출을 허락 한다면

여보, 그동안 가족들 안부가 궁금하셨죠. 많이 기다렸죠. 늦었지만 이제 낱낱이 올릴게요.

매사에 모범생이던 큰 딸은 대학 첫 미팅에서 정서방, 큰사위를 만났어요. 아마 보셨으면 무척 기뻐하셨을 것입니다. 재학 중 재경행정고시에 합격한 훌륭한 청년이었습니다. 나랏일에 동분서주 하며 건강하게 잘 지내고 있어요. 큰딸은 약사가 되었어요. 대학 전체 수석을 차지한 딸 덕분에 청와대로 초청 받는 영광을 누렸어요. 중국과 수교가 없던 시절에 교육위원회 추천으로 중국 방문도 했어요. 사위는 미국으로 독일로, 가족들을 데리고 외국에 나가 살다가 얼마 전에 귀국했답니다. 시간이 정말 후딱 지나갔네요. 손자들이 성큼 의젓하게 자라서 왔거든요. 따끈한 소식은요, 외손자가 명문대학 수시 전형에 합격했어요. 정서방은 집안의 맏잡이로 가족들 대표 같은 느낌을 주곤 해요. 성격이 낙천적이어서 바라보는 저조차 즐거워요. 저의 의지처가 되어 주곤 해요. 장모가 표현은 잘 안하는 편인데 늘 감사의 마음을 담고 있어요.

어제가 제 생일이었어요. 봉투가 두툼하여 세다가 깜짝 놀랐어요. 사위 왈, '장모님, 몇 년간 해외에 나가 챙겨드리지 못해 죄송했었는데…. 항상 건강하시고 에너지가 넘쳐서 좋아요. 자식들에게 큰 복이자 그 또한 장모님의 사랑이라고 생각하고 있습니다.'라는 덕담도 해주네요. 첫 사위 첫 정은 언제나 변함이 없답니다.

둘째 얘기인데요, 중3짜리 손자 고교진학 입시 문제로 엄청 정신없이 지내요. 예전처럼 웬만큼 공부하고 적당히 놀아도 고교진학에 별 문제 없던, 당신 교사시절과는 많이 달라요. 과학고 입시문제로 신경이 날카롭게 섰어요. 힘들어 보여요. 저도 얼굴을 자주 못 보거든요. 작은사위는 회사원이에요. 눈망울이 사슴 같아요. 착한 성품이 둘째 짝꿍으로 썩 잘 어울려요. 만약에 보셨다면 정말 함박웃음이 빵 터지시려나. 훤칠한 키에 미남이거든요. 둘째 내외가 나란히 서면 고목에 매미 붙은 격이랄까. 지금당신 웃는 거 맞지요. 재미있죠. 아, 앞에서 깜빡했는데요. 둘째는 당신이 원하던 영어교사가 됐어요. 배려심이 넉넉한 품성은 당신을 닮았나 봐요. 때로 논리적이어서 깜짝 놀라곤 해요. 자식다운 자식이 좋거든요. 당신 가신 뒤로 건강이 나빠서 근심이었는데, 지금은 아주 좋아요. 제 집안 거느리며 건강한 모습으로 잘 살아주어 감사하답니다.

둘째가 저를 따라서 관세음보살님 전에 엎드려 합격 발원, 두 손 모아 기도했답니다. 손자는 입시 경쟁률 8.7: 1이라는 경기북과학고에서 선발전형을 통과해 당당히 합격했어요. 손자가 참으로 대견하답니다. 하늘에서도 축하해 주세요. 돌아보니 두루 감사하여 일상의 축복을 나만 누리니 송구하기 짝이 없네요. 현실에 존재하지 않는 당신께 어찌할 길이 없어 안타까워요.

생각만 해도 가슴 아린 셋째 차례에요. 중학생 때 환자 아빠 밥상을 차려내던 그 딸입니다. 덜 자란 막내딸 두고 어떻게 눈감으셨나요. 결혼도 했어요. 시댁은 보성인데 집안 행사가 있을 때면 친정 선산 길을 그냥 지나치지 않아요. 막내딸이 아버지 산소 풀을 뽑아드리면 복 받는다고 했던 말이 후회가 돼요. 셋째에게 행여 짐을 준 것 같아서요. 셋째 사위가 당신 산소를 어찌나 정성들여 손질하는지 감사의 표현이 모자라요. 가정의 건강한 생활을 위하여 집안일 바깥일 가리지 않고 참 성실해요. 어느 배우를 닮은 회사원이에요.

셋째는 대한민국 기초교육을 담당하는 초등교사랍니다. 시댁을 오고 가며, 꼭 아빠산소에 들러 풀도 뽑고 잔디도 깎고, 그런 딸 사위가 참 고맙답니다.

셋째는 엄마가 김서방을 더 좋아한다며 질투를 해요. 엄마가 사위 편으로 기울었다면서 애교를 부려요. 사위는 막걸리만 사면 저를 초대하거든요. 딸이 색다른 반찬만 해도 장모님 부르는 전화를 해요. 딸은 상추 씻고 사위는 쌈 싸주고…. 그래서 애들 사는 모습이 여간 귀엽고 매력으로 넘쳐요. 둘 다 슬기롭게 가정과 직장을 오가며 사랑 넘치는 풍경이 아름다워요.

셋째는 친척들이 모이면 꽤나 웃겨요. 그럴 때마다 아빠를 꼭 닮았어, 복사판이야, 이런 말들을 해요. 개그재능을 유산으로 주신 당신께 감사해요. 사람은 웃을 때가 가장 평화로워요. 가족들 웃을 때가 참 보기 좋아요. 근심걱정 털고 웃음꽃이 환해서 감사해요. 그런 막내딸이 어느새 불혹이 되었어요. 의젓한 현대여성이랄까. 암튼 살림쟁이, 남편과 티격태격 사랑쌈쟁이, 아들바보에요. 그래서 또 감사해요. 판단이 빠르고 배려하는 자세가 돋보여요. 옷 잘 입는 센스쟁이, 음식 솜씨가 특별해요. 손끝 발끝 야무지기 이를 데 없어요. 당신의 막내딸이 저에게는 감사덩어리에요. 엊그제 단호박죽을 끓여왔는데 혀끝에 감치는 맛이 일품이었어요. 셋째덕분에 잘 얻어 먹어요.

자다가도 심장을 떨리게 하는 아들소식이 많이 궁금하셨지요?

아들이야기 하려니 가슴이 먹먹하고 벅차네요. 어린 녀석이 굴건 쓰고 상주노릇하며 아버지를 하늘로 보내드렸잖아요. 기특하고 대견하게 참 잘 컸어요. 어찌나 저에게 지극한지 몰라요. 대학입학시험 마치고 중고생 과외 알바를 시작했는데요, 그 녀석이 저에게 돈을 주었어요. 돈줄이 끊긴 당신의 빈자리를 아들이 메워주었어요. 병역특례 때 3년 간 받은 급여를 몽땅 저에게 주었어요. 그리고 해외유학선발시험에 합격하여 미국으로 떠났어요. 아들은 평생 두고 해야 할 효성을 일찌감치 미리 하였답니다. 일곱 조카들 로망으로 우뚝 섰어요. 감사를 다

말하려면 밤새 써도 모자라요. 오늘만큼은 자랑해도 되겠지요. 수학올림피아드 대표로, 세계 랭킹 1위 MIT공대에서 석, 박사를 마쳤어요. 무슨 돈으로 그리 교육비 뒷바라지를 했는지 궁금하세요? 당신 알잖아요. 제가 전업주부였음을요. 아들은 중학생부터 엉덩이가 짓무르는 줄 모르고 책걸상에 붙어 앉아 공부했답니다. 저는 한 푼도 주지 못했어요. 노력으로 꿈을 해냈어요. 청소년들 꿈의 대상이 되었어요. 당신이 교육현장에 계실 때 주구장창 외치던 그 꿈나무가 훌쩍, 세계 속의 한국인으로 일어섰어요. 아들 존재만으로도 우리가족은 든든하고 자랑스럽답니다.

유학 중에 반려자를 만나 결혼, 지금은 두 딸의 애비가 되었어요. 영원한 막내인줄로만 알았는데 가장으로 의연하네요. 지금 당신이 보셨다면 대견해 하실 것 같습니다. 며느리가 영특하여 얼마나 감사한지 몰라요. 애들이 그저 감사할 뿐이에요. 어린 아들이 벌어주었던 은혜를 어떻게 갚을까 연구하다, 내가 가진 것의 전부를 주었어요. 내가 세상 떠날 때 후회하지 않으려구요.

이제 제 이야기 차례네요. 사실 저를 혼자 두고 눈감을 때 조마조마하셨죠? 갑자기 당신이 보고 싶네요. 당신 곁에선 안방마님이었는데요. 180도 변신 팔색조가 됐어요. 당신 없이 이렇듯 굳건하게 잘 살아낼 줄 저도 몰랐어요. 젊은이들보다도 더 바쁜 칠십대를 누리고 있어요. 작가로, 편지강사로, 동화구연가로, 치매어른 봉사자로, 합창재능기부자로…. 참 다양하게 삽니다. 편모가정이라는 위기가 닥쳤을 때

씩씩하게 이겨내자는 게 목표였어요. 그러한 목표를 세울 줄 아는 저를 발견하고 저에게 감사했어요. 지금 당신께서 저에게 손뼉을 쳐주는 것만 같네요.

금년 3월, KBS에서 진행하는 방송 '무엇이든 물어보세요' PD로부터 편지청탁과 토크 청탁이 왔어요. 기적의 편지 주인공으로 토크쇼 출연도 하였어요. 영광스러운 순간이어서 이 또한 저에게 감사했어요. 어린이집에서 동화책 읽어주는 이야기할머니로 활동해요. 정말 맛깔나게 하면 아이들이 마구마구 웃습니다. 이런 재능을 스스로 발견하면서부터 더욱 열심히 봉사를 아끼지 않는 저에게 또 감사해요. 딸 사위 손자들 그리고 제 자랑에 입이 귀에 걸리네요. 어제는 건대종합병원 환우들 위로 잔치에 희망의 합창기부를 하고 왔어요. 당신은 제 노래 들어 본 적이 없으시지요. 매사를 긍정적으로 실행하고 있는 저에게 어찌 감사하지 않겠어요, 가끔 적막 같은 외로움이 잦아들긴 하는 데요, 나이가 들어 잊을 건 잊고 사는 지혜를 터득했거든요. 청년노인으로 꿋꿋하게 사는 저에게 제가 감사해요.

생각해 보면 당신을 피안으로 보낸 저의 40대는 힘들었지만 지금은 정신풍요 건강부자 마음부자가 되었어요. 이만하면 흡족하신가요. 그 무겁던 삶의 무게를 덜었으니 얼마나 감사한지 모르겠어요. 밝고 명랑하여 웃음 보약을 날마다 먹으니 좋아요. 사방팔방 어느 쪽을 둘러봐도 편안해서 감사해요.

아들이 '엄마를 존경합니다.' 그리고 딸들은 '언제나 닮고 싶은 울 엄마'라고 하네요. 외출하고 오는 길에 막내딸 전화를 받았는데요, '엄마 오랜만에 감자옹심이를 했어요. 엄마랑 같이 맛있게 먹어요. 제가 해 드리는 음식은 뭐든 맛나게 드시니까요, 깔깔깔' 이렇게 말하는 딸의 존재감이 사랑스럽고 감사해요. 가을나무의 열매 같은 귀염둥이 손자가 일곱인데 웃음이 자지러져요. 하늘에서 보고 있을 당신께도 감사해요. 당신의 피붙이들 당신이 준 보물입니다. 함께 웃으니 얼마나 감사한지요.

여보, 자식들이 세상에서 제일 사랑하는 우리 아빠 엄마! 라고 하네요. 늘 바쁜 우리 엄마를, 아빠도 나중에 만나시려면 꼭 선약을 해야 한다면서 또 웃겨요. 아빠 살아계실 때처럼 엄마는 여전히 엄격함과 자애로움을 적당히 밀고 당기는 인생의 고수라며 저를 놀려요. 자식들 가슴에 당신과 내가 살아 있다니 얼마나 감사한 일인가요.

여보야 곁으로 가는 날까지 가족들 지키며 열심히 살겠습니다.

우리 손자들에게 공부는 즐겁게 하는 거라고, 힘내라고, 게으르지 말라고, 천상에서 응원해 주실 거죠! 저는 여전히 당신 사랑해요. 생전에 못다 나눈 사랑을 오늘 모처럼 편지로 올리며 울컥 감사의 눈물이 고이네요.

천상천하 유아독존 '天上天下 唯我獨尊' 하늘 위 하늘 아래 오직 내가 독보적인 존재거늘, 저 자신을 존중할 줄 아는 사람이어서 일상을 더욱 감사히 여기겠습니다. 만약 하늘이 당신에게 기적 같은 외출을 허락한다면….

2016년 11월30일

당신의 아내 올림

8만 시간의 여정
그 공식을 찾아서

나의 은퇴는 가정경영과 돈벌이에서 손을 뗀 그 후부터로 정의한다. 집안일과 바깥일을 병행 하느라 많이 힘들었다. 자식 넷을 독립시키고 사회적 의무와 책임을 다 마쳤다. 생활전선에서의 긴장감이 풀려 홀가분했다. 몸과 맘이 자유로웠다. 하여 그동안 소홀했던 지인을 만나며 여기저기 돌아다녔다.

그리고 두 해쯤 지났을까, 점점 일상이 지루해지기 시작했다. 사는 것이 시들하고 중심이 흔들렸다. 처음의 여유와 짜릿하던 기분이 사라져 갔다. 현실이 두려워지고 우울해졌다. 나 자신의 노후가 숙제로 불거졌다. 뭔가 새로운 일이 필요하단 생각이 들었다. 어떤 모습으로 늙어가야 잘 살았다 할 수 있을까?

내 목숨의 시간을 고민하고 방황하던 그 무렵, 복지관이라는 건물이 눈에 들어왔다. 문득 나도 복지문화 혜택을 누릴 수 있을까, 라는 기대감이 스쳤다. 사실 내가 노인이란 생각을 전혀 가져본 적이 없던 때다. 현관에서 기웃거리다 안으로 들어가 이것저것 물었다. 육십 세 이상이면 회원 자격과 더불어 여러 교양 프로그램에 참여할 수 있단다. 어쩜 내가 찾던 곳이 여기었나 싶었다. 즉시 등록하고 나오는데 발걸음이 가뿐했다. 8만 시간의 여정, 그 길로 진입하기 위한 돌파구를 찾은 기분이었다. 인생 종반부를 함께 할 문화공간으로 짐작되었다.

일단 시간표를 받고 평생을 꿈으로만 감추어 둔 문예창작과 합창을 선택했다. 등록만 했을 뿐인데 의욕과 기운이 솟았다. 나도 몰랐던 나를 복지관에서 발견한 듯했다. 강당에 인생 선배님들이 계셨다. 백발이 성성한 칠팔 학년이 대부분이다. 낯선 길목에 첫발을 내딛고 잠깐 서성대며 가슴이 뛰었다. 은퇴 이후 노년 사회로의 첫 출발 선상이었다. 그 동안 가족이란 울타리는 참으로 큰 배경이었다. 그들은 나를 울게도 웃게도 하는 마술사였다. 자식들과 별거하기 쉽지 않았다. 그러나 이제부턴 나의 삶을 풀어내야 할 순번이 됐다. 내가 중요한 사람이란 걸 비로소 깨달았다.

실버인력뱅크를 이용해 복지사와 일자리 상담을 하던 중, 마침 국사편찬위원회를 소개받았다. 포쇄실에서 여자인력을 구한다는 것이다. 얼른 신청서를 제출했다. 접수번호 1번이다. 복지사 차를 타고 일터를 방문했다. 그 날의 감회는 지금도 흥분되고 새롭게 한다. 그 일을 시도하고 나에게 박수를 쳤었다.

복지관을 노크하면 어떤 일이든 연결 되었다. 젊은 시절의 미련을 내려놓고 눈높이를 낮추면 일은 사방에 있었다. 무엇보다 적응하는 자세가 첫째였다. 개인의 성향을 파악하여 일을 선별해 주었다. 그들이 권하는 복지대책을 따르고 신뢰하길 참 잘 했었다. 복지관에서 찾은 일자리가 큰 수확이었다. 한국이 복지국가였음을 실감했고 지금도 여전히 자랑스럽다.

삶이란 젊으나 늙으나 연습 없는 싸움터에서 이겨내야 하는 특별한 목표였다. 노인 일자리 참여자라는 이름표를 달고 출퇴근한지 5년째다. 늘 즐거웠다. 사회에 참여할 기회를 제공받아 그리 좋을 수 없었다. 참여자들에게는 자존심을 드높여 주는 반면에 소속 기관에서는 고효율의 노인 일자리 창출을 통해, 행정비용을 절감할 수 있었다.

내가 소속된 포쇄실은 국가에서 영구 보존되어야 할 온갖 역사적인 책과 사료를 직접 눈으로 보고 손으로 만진다. 그 느낌이 특별한 감흥으로 와 닿곤 한다. 일하는 노인이 당당하고 아름답다는 걸 실감한다. 내가 하는 일이 작은 일 같지만 결코 작지 않은 큰일이라는 자긍심이 생겼다. 보람으로 충만했다. 처음엔 일이 좀 서툴었지만 이젠 정착 되었다. 國史 史料 글씨 원본이 다칠까 소중하게 다룬다. 먹물향이 금방이라도 번질 것 같은 중요한 책을 정리 한다. 귀한 경험이 엔돌핀을 돌게 했다. 자칫 쓸모없는 노인이 될 뻔 했는데 실버파워를 발휘하며 인생의 빛깔을 뉴 실버로 채색했다. 또한 역사에 대한 개념이 새롭게 인식되어 어찌나 유익한지 모른다. 사료 하나하나를 다룰 때마다 대한의 반만 년 유구한 전통이 소중했다. 국가의 존폐 위기가 도래하지 않는 한, 노인 참여자들 손을 거쳐 깨끗이 정돈된 책들은 국사관 책고에 길이길이 보존된다. 직속 팀장님의 친절함은 매우 감동적이다. 마치 어머니를 대하듯이 자상하다. 모르는 것은 잘 가르쳐 준다. 그리고 복지사들 도움 또한 감동이 아닐 수 없었다. 언제나 미소로 대해주고 상냥함이 진심으로 크나큰 힘이 되었다.

노인은 하릴없이 빈둥대지 않으면 다행한 일이다. 일터로 걸음을 옮기면 그 신선하고도 벅찬 행진에 뜨거운 氣運이 온몸으로 번진다. 세상의 신호등이 파란불 일색으로 다가온다. 이런 일자리가 내 몫이 된 건 황홀함 그것이었다. 은퇴 이후를 보상받듯이 다시 일상을 활기차게 변화시켰다. 열심히 오래오래 하고 싶다. 일을 하니 자식들에게 기대지 않고 진부하지 않아 좋다. 내게 국사관은 노후 인생을 이끌어 준 빛나는 은빛 성장판이다.

내 인생 계획표에 이런 대목이 들어 있다. 자식들을 놓고 죽을 수 없다고, 일기를 쓰겠다고. 또 노래와 여행의 유혹을 물리치지 않겠다고. 내면에서 외치는 그것들 때문에 숨통이 트이곤 했었다. 고급스럽게, 후회 없는 나날이길 바랐다. 앞으로도 8만 시간의 목록을 써 내려가는데 있어 결격되지 않도록 노력할 것임을 천명한다. 홀로 세상 짐을 짊어지고 생존하는 일, 자식들 진로와 밥벌이에 묶여 지지고 볶던 은퇴 전은 분명 한바탕의 굿판이었다. 그 세월을 어떻게 견뎌 왔을까. 지난날의 아픔을 내려놓으니 나날이 휴식이고 천국이 따로 없었다.

꾸준히 생각과 연필을 굴리며 자신을 정화시키는데 게으르지 않았다. 모 여성 단체로부터 어린이 편지쓰기 지도를 함께 하자는 요청을 받았다. 그 일을 봉사로 알고 무조건 수락했다. 그리고 첫날 수업을 마쳤는데 하얀 봉투를 건네준다. 일에 대한 예우라며 몇 장의 지폐가 들어 있었다. 뜻밖의 경제까지 챙겨주니 금상첨화다. 돈과 일은 찰떡궁합이고 잘 늙는 대책 중 최고의 덕목이다.

또 어느 날은 ○○주부학교 어머니학생들을 대상으로 하는 편지쓰기 강의를 했다. 제때에 공부를 못하고 늦게나마 시작한 어른들이었다. 오월의 마지막 월요일, 그들 앞에서 가슴이 저려왔다. 용기를 내신 분들께 숙연했다. 매스컴에서만 대하던 그 분들을 현장에서 피부로 느꼈다. 눈빛이 내게로 쏠리며 귀를 쫑긋 세우신다. 공부하는 걸 자식들이 모른다며 절대 알리지 않을 거란 말씀이었다. 마치 무슨 잘못을 저지른 것처럼 숨어서 공부하는 것 같다. 당당해도 부끄럽지 않을 분들이다. 세상에서 가장 아름다운 분들인데, 학교 다니는 걸 감추고 싶어하신다. 말을 글로 옮기는 일이 제일 어려워 스트레스 받는다고 하셨다. 받침 하나, 글자 하나에 희열을 감추지 못하는 순진한 표정이시다. 이 분들이야 말로 '8만 시간의 에세이'를 위한 분들이 아닐까 싶다. 여생을 후회하지 않기 위해 이렇듯 공부하며 늙어가는 모습이 훌륭했다. 오늘 수업을 마치고 나는 짧으나마 칠판에 편지 한 통을 분필로 쓰며 진심을 남기고 왔다.

"오늘 여러분을 만나 뵙게 되어 진심으로 반가웠습니다. 자녀들을 사회의 발전과 성장에 기여시켰으니 여러분께선 훌륭한 삶을 살았다 할 수 있습니다. 그동안 자식들 먹고 입고 가르치는 것 때문에 미루었던 공부를 이제라도 시작하신 여러분 진심으로 고맙습니다. 현재의 나이에서 앞으로 살아야 할 삼십년을 염두에 두시고 부지런히 공부하시기를 당부 드립니다. 지금 하고 있는 공부는 삶의 마지막 아름다움입니다. 삶의 완성을 향해 가는 여러분, 힘내십시오. 아자아자, 화이팅! 젊은이는 시간에 쫓겨 정신없이 살지만 지금 여러분은 시간 밖에 없는 시간의 재벌이십니다. 시간이란 놈을 붙들고 하고 싶은 것 맘껏 하시기 바랍니다. 여러분 자신의 인생이 익어가는 시절을 충분히 행복해 하십시오."

내가 쓴 편지를 지우지 말라 하시며 한 자 한 자 옮겨 쓰신다. 두고두고 읽을 거라 하신다. 강사로 갔다가 오히려 그 분들로부터 사명감을 얻어 왔다.

젊은 강사들과 합류하며 행여 나이 앞에 주눅이 들까 염려되었다. 하지만 젊은이에게 없는 장점이 내게는 분명 존재한다는 확신이 있었다. 육십 여년을 근면 정신으로 쌓은 재산이 그것이다. 노익장을 인증시키면 된다. 가치 있는 일을 창출하는데 있어 남녀노소가 무슨 상관인가. 일이란 8만 시간으로 가는 노후 대책 중 최고의 자산이다. 어쨌든 건강하게 잘 늙어가자.

내가 안으로 거느린 삶이 근심 되어 앞이 캄캄했던 적이 있었다. 보이지 않는 미로 같은 인생길을 하나하나 헤쳐헤쳐 오늘까지 왔다. 시멘트 벽 같은 길을 뚫고 나갈 수 있는 용기, 그것이 나의 자존감이다. 노후 설계도를 그릴 때도 그랬다. 계획이 생각으로만 그치면 거기서 멈춰버리고 만다. 하지만 행동으로 실천하고 나니 쓰던 달던 맛이 우러났다. 인생이란 무대는 순간순간이 오직 한 번뿐이다. 1막 1장을 놓치면 절대 회귀하지 않기 때문에 놓칠 수 없는 극장이었다.

남편이 천직으로 여기던 교직을 너무 일찍 놓아버린 아쉬움이 컸었다. 지금 내 나이는 그의 교직 정년을 훌쩍 넘긴 세월 앞에 섰다. 시간을 갉아먹지 말고 생을 창출하는 사람으로 숨 쉬고 싶었다. 지금처럼 자신의 생명력을 증명하는 이유를 만들어 가면 좋을 일이다.

단절된 교단의 인연을, 남편을 대신해서 좀 더 연장해보라는 하늘의 명이었을까. 나도 어릴 적 꿈이 선생이었는데, 어떤 이는 이미 성취하여 시시한 일일 수 있지만 그 꿈에 못 미친 나는 영영 이루지 못할 줄만 알았었다. 편지강사가 된 후 인생은 더욱 묘미가 있었다. 세상을 움직이는 동력, 그것은 나이와 무관함을 입증했다. 앞으로도 여력을 다해 8만 시간의 대열에 차질 없을 것을 믿는다.

일만 하면 재미없다. 틈틈이 노래도 부르고 여행도 즐긴다. 어머니합창단에 합류했다. 목청은 써야 녹슬지 않고 폐활량이 커진다. 노래는 기다림, 그리움, 지치지 않는 첫사랑 같다. 노래와 여행은 내 정신과 육체의 건강을 도와주는 취미고 자양분이다. 주인공으로 사는 방식이다. 평정심을 찾아주고 인생 물음표에 해답을 주곤 한다. 텅 빈 방을 등신불처럼 지켜온 스물 두 해, 결코 짧지 않은 시간이다. 사람이어서 외로웠고 유령 같은 외로움을 노래와 여행, 일손으로 물리쳤다. 벌써 시민회관에서의 정기 연주회가 4년째다. 높낮이의 소리를 모아 관객의 가슴에 감동을 전달하면 합창은 성공이다. 나와 자식과 이웃이 소통하여 조화를 이루듯이, 공동의 작업을 통해 타인과 타인 사이의 사회성을 배운다.

일하며 틈틈이 양념 같은 여행을 떠난다. 엊그제 무주구천동의 빼어난 풍류를 즐겼다. 하늘 아래 더 가야할 산천 산하가 있음은 축복이었다. 우리의 지도 따라 야금야금 밟아 먹자. 여행도 인생의 목표다. 내 비록 화려하진 않지만 궁색하지 않게 살아갈 이유 중 하나다. 그래, 지금처럼만 여생이 순탄하기를 빌었다. 그냥 이대로 걷다보면 8만 시간의 여정은 무난하리라 내다본다. 여행은 내 영혼을 춤추게 하는 환호성, 그것이다.

최근에 불혹과 지천명, 시니어 강의를 신청했다. 정원 30명 중 내가 최고령자다. 팔구십 앞에 육십은 분명 청춘이다. 미래를 준비함에 있어 소홀할 수 없는 나이다. 매번 들을 때 마다 신체 감각 기관이 바짝 일어선다. 마냥 손 놓고 있을 수만 없는 긴장감이 돈다. 수명 100세를 준비하는 과정에서 새로운 정신세계에 빠졌다. 뇌세포에 특별한 영양제를 투입하는 것 같다. 내가 얼마나 작았던지 돌아보게 한다. 나는 타인에게 어떤 영향력을 행사하며 살아왔을까.

예전에 이런 일이 있었다. 곤란에 처한 친구에게 멘토링을 해 주었다. 나를 믿고 따랐던 친구의 생활이 활짝 펴지는 걸 보며 뿌듯했었다.

더듬어 보니 세 사람에게 생의 어떤 전환점에 기여했었다. 그 후, 한 친구는 십 년 넘게 김장을 보내 준다. 어떤 친구는 간혹 그 지방 특산물을 택배로 보낸다. 또 한 후배는 가끔씩 나를 불러내 점심을 산다. 아는 길을 인도하지 않으면 죄악이라 했다. 내공의 힘을 전달해 가치를 생산했었다. 시니어 과정은 봉사를 실천하라는 공부다. 상대존중 등등 의사소통의 중요성을 배웠다. 성격분석 중에 햇살 같은 깨우침도 얻었다. 인생의 원망이나 분노 같은 가려움은 덧내지 말라고. 치유의 일침을 맞았다. 생각의 조화 즉, 세상더러 변하라 말고 내 생각부터 바꾸어야 했다. 타인의 단점이 장점으로 보이기 시작하며 쌓였던 해묵은 고름이 씻기어 나갔다.

'멀리 보고 던진 돌이 멀리까지 간다.'는 말이 있듯이, 요양보호사자격증을 선물처럼 또 염두에 두었다. 차근차근 실행하자. 야간반에 신청했다. 한국이 점점 고령화 사회로 치달리고 있다. 실습과정에서 환자들 뵈면, 나이 들수록 장애자 아닌 사람 없고 시한부 생명 아닌 사람이 없었다. 8만 시간의 여정 속에 '요양사'를 추가해 위대한 사업으로 미리 점찍어 두었다. 오직 건강만이 미래다. 그 중 '老老케어'가 바람직하다. 노인은 노인이 가장 잘 알기 때문이다.

행복은 느끼는 자의 몫이라 했다. 비록 젊은 기력은 소진되어 간다해도 일을 향한 추진력은 놓지 않으련다. 노년, 그 황금의 시간을 인생의 적기로 삼고자 한다. 신념을 가지고 해야 할 일을 하는 것이 성공이다. 은퇴 후, 노인으로 입성해 자신의 가치를 증명하며 여기까지 온 나를 사랑한다. 고민하던 숙제를 해결해 기쁘다. 살아온 날이 감격스럽고 또한 살아내야 할 날도 밝을 것을 믿는다.

시간이 神이다. 나는 8만 시간의 여정, 그 노년의 즐거운 공식을 찾았다.

해가 기운다. 황혼의 노을을 보고 감탄하지 않는 사람을 나는 아직 보지 못했다.

3부

오천만 편지 쓰기 캠페인

편지이야기

천직과 강사

수필가족 하루엄마 만세

하늘나라 우체통

편지 쓰기 캠페인

오천만 편지쓰기 행사 개막식에 참석했다. 각계각층 사람들이 모여 우정사업의 그 자리가 더욱 빛이 났다. 우정사업본부장님의 인사말씀 중, 편지쓰기는 국민정서 함양의 정신이라는 말씀에 아낌없이 손뼉을 쳤다.

미래창조과학부 장관님께서 친필로 보내온 응원의 글과 이어령 선생님의 축사가 편지쓰기를 전달하는 과정에서 크게 돋보였다.

'편지! 소통으로 말하다.'

이 글귀가 이번 캠페인의 주제다.

오천만 편지쓰기 활동을 해오는 동안 느낀 점을 말하고 싶다.

시민들이 모이는 공원에서 주로 편지캠페인 책상을 차렸다.

나들이 나온 시민에게 가을편지를 권장하며 처음엔 많이 어색했다.

그러나 편지쓰기의 취지를 설명하면 금방 동화되어, 펜과 종이를 손에 쥐었다. 멀리 계신 부모님께 친인척 혹은 연인에게 정성을 다해 안부의 글을 쓰는 광경이 가을정취와 그리 잘 어울릴 수 없었다. 어느 신혼부부는 나란히 앉아 시어른께 소식을 전하며 웃는 얼굴이 고운 단풍을 닮았다. 편지봉사를 하며 사회나 이웃에게 가치 있고 쓸모 있는 사람으로 활동할 수 있음이 자신에게도 감사했다.

편지는 주는 맘 받는 마음에게 불을 밝히는 일이란 생각에 선뜻 나섰다.

시민들 발길이 잦은 공원이 가장 적절한 장소였다. 나무 그늘 아래서 할머니와 손자 손녀가 엎드려 편지 쓰는 풍경이 한 폭의 그림이었다. 가을하늘 같이 해맑은 여고생은, 처음부터 끝까지 미소가 그치지 않아, 어쩌면 풋사랑 남친에게 띄우는 글이 맞지 싶어 보는 이조차 행복했다. 계단 또는 오색의 낙엽이 질펀한 바닥에 주저앉은 나그네들은 매우 친화적이었다. 타인끼리 옹기종기 모여 머릴 숙이고 편지를 썼다. 편지지에 엽서에 한 자 한 자 사랑과 안부를 사각사각 써내려갔다. 봉투에 주소까지 정리되면 한 통의 편지가 완성된다. 가슴에서 잠자던 마음자락을 풀어 그리움을 불러내는 장면이 사람의 정서와 냄새를 풍겼다.

편지쓰기는 가을의 풍요만큼이나 넉넉한 사람들 마음의 잔치였다. 다 쓴 편지와 엽서를 건너 받을 때마다 한 사람 한 사람의 온도가 닿았다. 체온으로 쓰는 편지만큼 소통의 역할은 큰 건 없지 싶다. 편지라는 결과물이 마치 보석 같았다. 단체로 오신 분들은 어쩜 마치 백일장 하듯이, 사색의 시간 속으로 몰입된 지경이었다. 모처럼 나들이 온 친목 회원은 하늘 한번 보고 고개 한번 숙이고, 사연을 이어가는 장면이 매우 인상적이었다. 내, 외국인 따로 구분할 것 없이 다문화가정도 다함께 동참하여 추억을 장만했다.

어느 여인은 고개를 숙이고 편지 쓰는 내내 연신 눈물을 닦아냈다. 얼굴이 얼룩져 있어 저도 울컥했다. 보고 싶은 사람이 이 땅에 없어 번지 없는 하늘로 소식을 띄우는 중이라 하셨다.

편지캠페인을 하며 가장 큰 보람은 편지의 정서가 소통되었다는 점이다.

생각을 불러 상대의 가슴에 닿으려 더듬더듬 마음 찾아 떠나는 힐링의 시간 여행으로 비쳤다. 편지는 손끝에서 우러나는 情의 글임을 새삼 읽었다. 편지냄새 하늘냄새 사람냄새, 편지 새들이 날아가 진정 아름다운 가을풍경이었다.

요즘은 누구나 디지털시대에 노출되어 있다. 기계 문자로 통하는 시대에 손으로 편지를 쓰라면 뒤떨어진 소리가 될까요. 편지의 매력은 상대와의 교감이다. 마음의 전달 수단으로 으뜸이다. 우리가 사는 사회 속에서 편지로 소통되지 않는 것은 없다. 손 편지는 잔잔한 생각을 담아내는 혼이 살아 있는 글이다. 손 편지는 SNS나 말 몇 마디로 설명될 수 없는 감정문화의 근본 바탕이다. 자신의 필적으로 쓰는 편지는 돈으로도 무엇으로도 따질 수 없다. 편지는 세상 속에 돌고 도는 심성 교류의 매체다. 손 편지의 가치는 돈으로 무엇으로도 계산이 될 수 없다. 손 편지로 쓰는 글 속에는 생각이 살아서 움직인다. 생각이 모든 걸 만들 듯이, 편지는 생각을 에너지로 변화시키는 글이다. 손 편지를 쓰며 반성과 향상, 발전을 가져올 줄 아는 사람이 지혜롭다. 차가운 기계문화보다는 체온의 소통이 훨씬 빠르다. 편지는 관계형성을 위한 윤활유 같은 존재라 해도 넘치지 않다. 속도문명을 외면할 수 없는 시대 속에서, 느린 소통을 찾아서 가자는 '오천만 편지쓰기'의 테마다.

편지쓰기운동의 중추적 역할은 국민정서 함양의 의미와 본질에 있다.

내가 무얼 생각하며 숨을 쉬는지 손으로 편지를 써보면 알게 된다.

내가 찾고 있는 미래가 어디에 있는지, 자기고백이나 자기소개를 하기로 손으로 쓰는 편지만한 매력이 없다. 기계소음에 밀려가는 세태가 안타깝다.

이어령 선생님께서 "디지털과 아날로그의 궁합을 줄임말로 '디지털+아날로그=디지로그' 괜찮지 않습니까?" 라고 하셨다.

어느 대학생들이 쓴 엽서를 읽으며, 대한민국의 희망을 확인했다.

부모님이 나를 믿고 기다려 주셔서 감사합니다.

가르침을 주시는 선생님들께 감사합니다.

저에게 꿈이 있어 또한 자신에게 감사합니다.

읽고 싶은 책을 읽을 수 있게 되어 감사합니다.

고민을 털어놓을 수 있는 친구가 있어 감사합니다.

제가 주저하지 않고 자리를 양보할 수 있어 감사합니다.

행복한 삶은 꿈이 있는 삶이란 걸 매일 의지할 수 있어서 감사합니다.

오늘 하루도 잘 일어나서 바쁜 일과를 잘 해낼 수 있어서 감사합니다.

다치지 않고 봉사 활동 할 수 있어서 감사합니다.

잘못한 일에 대하여 사과할 수 있는 용기를 주셔서 감사합니다.

건강한 팔다리로 활보할 수 있어 감사합니다.

공부의 필요성을 느낌에 감사합니다.

우리나라 대학생이어서 감사합니다.

2014년 11월 이틀간 인천 당하초등학교에서 전교생을 대상으로 편지강좌를 했다. 경인, 한국편지가족 주관으로 진행한 편지쓰기였다.

이 학교가 금년의 마지막 홍보였고, 어느 새 6년이란 시간이 훌쩍 지나갔다. 이런 큰일을 앞에서 이끌어가는 수장께서는 그간의 우여곡절, 애타는 사연 등이 얼마나 분분하였을까. 힘들고 때로 외롭고 한숨도 따랐을 터인데, 국민적 정성함양이라는 좋은 뜻을, 소리 없이 펼쳐 세상을 밝혔다.

전교생이 손에 편지를 들고 하늘을 향해 날릴 듯이 함성을 질렀다.

오늘의 알찬 보람은 그간의 힘듦과 노고에 대한 보상으로 충분하다.

새벽잠을 설치며 편지의 정서를 전하려 집을 나설 땐, 애들이 잘해줄까, 걱정이 앞서기도 했다. 꼬막손들이 부모님 은혜와 사랑을 감사의 글로 사각사각 써내려 갈 때면 기특하기 그지없었다. 한글이 서툰 대로 서툰 마음을 꺼내어 써내려갔다. 정성을 담은 편지를 대하며 염려는 싹 가셨다.

편지! 소통을 말하다.

학교에서의 편지쓰기는 수업의 연장이었다. 교장선생님과 각 담임 선생님들 도움으로 이루어졌다. 어린이들 손에서 편지강좌의 알곡으로, 마음의 수확으로. 저마다의 편지가 운동장에서 하늘 번지를 향하여 날아가듯이…

모두에게 뜨겁게 손뼉을 쳤다. 감히 운동장홍보를 상상이나 했을까.

사람이 소통이었다. 소통! 그거 하나로 충분했다. 흥분의 도가니였다. 동심의 여운이 오래토록 운동장에 맴돌았다.

'오천만 편지쓰기'

펜과 종이 그리고 시민들과 마음의 교류였다. 내내 즐거웠다.

편지이야기

나는 편지이야기를 전하는 편지강사다.

'편지'로 소통을 말하자.

초등학교, 중·고등학교, 꿈나무 아동센타, 우정교육원 등…..

사람이 있는 곳이면 어디든 달려가 편지이야기를 전한다.

왜 우리가 편지를 써야하는가?

21세기가 온통 디지털을 말하지만 디지털은 그 흐름대로 가야한다. 편지 또한 편지가 가지고 있는 편지만의 독특성을 가지고 가야한다.

편지란 사람과 사람 사이의 끈의 역할, 상대와의 교감 수단이다. 소통의 적절한 바이러스, 행복의 배달문화다. 편지를 쓴다는 것은 쓰는 이의 마음을 대상에게 전하고자 하는 마음의 행위, 소통하기 위한 것이다.

우리가 삶을 사는 이유로 재미와 의미라는 두 축을 생각할 수 있다.

재미는 대개 이성에게서, 의미는 가족에게서 찾게 된다. 내가 가진 삶의 가장 큰 의미는 가족이다. 그러나 개인의 성향에 따라 다를 수 있는 문제다.

요즘 스마트폰 때문에 가족과 교류하는 시간이 적어지는 것이 현실이다.

재미와 의미처럼 우리가 추구하는 행복도 두 가지로 분류된다.

소유인가? 가치인가?

물질의 소유로 행복할 것인가? 아니면 의식의 가치로 행복할 것인가?

행복의 선택은 본인의 결정에 따라 천차만별이라 할 수 있다.

예로 비싼 옷의 가치는 잠깐이고 오래 가지 않는다. 그러나 생각하며 편지를 쓰는 시간은 인생을 바꾸는 어떤 기회를 만들어 준다. 편지는 의식의 가치에 소속되는 행복이라 정의할 수 있다.

편지는 곧 마음이다. 마음을 열기 위해 마음을 움직여야 하는데, 그럼 그 마음이란 실체를 어떻게 알 수 있을까. 사실 형체도 없고 손에 잡히거나 눈에 보이는 것도 아니다. 수필가적 견해로 말하자면 마음이란, 감정의 그릇, 영혼의 거울, 생각의 분수 같은 거다.

생각의 꼬리를 붙들어야 편지를 쓰게 되는데 감정을 담아내는 그릇이 바로 편지다. 마음이라는 무늬를, 언어를 빌려서 표현하는 감정의 놀이다. 생각을 꾸미지 않고 솔직 담백하게 이야기하듯이 쓰면 좋은 편지다.

직접 말로 전할 수 없을 때, 상대의 마음을 움직여 서로 뜻이 통하기 위해 쓰는 글이다. 영혼에 영양소가 있다. 자유와 능력과 관계 형성 같은 보이지 않는 그것들 말이다. 삶을 추구하는 궁극적 목적이 행복인데, 관계형성을 빼놓을 수 없자. 행복하기 위해 사람들과 관계를 이어가는 것이다.

편지이야기를 왜 하는지 이유와 설명이 되었는지 모르겠다.

가족이든 친구든 이웃이든 모든 관계가 교감하지 않고 행복을 꿈꿀 수 없듯이, 식단을 바꾸지 않고 다이어트를 하겠다면 맞지 않는다는 것과 다르지 않다. 좋은 관계를 만드는 손 편지 이야기가 으뜸가는 수단이란 뜻이다.

가슴에 틀어박힌 마음을 꺼내어 적었을 뿐인데 상대를 감동시키는 일, 얼마나 좋은가, 그 점이 편지의 제일 큰 장점이다.

생각이란 혼자만 품고 있으면 누구도 모른다. 표현하여 전해야 의미가 살아난다. 예로 집에서 공부해도 되는데 굳이 독서실 가고, 집에서 기도나 명상해도 되는데 굳이 교회나 법당에 가면, 공부나 기도가 더 잘되는 효과를 높이는 것과 같다.

편지로 마음의 길을 잡아 가족과 이웃이 함께 좋은 사회를 만들어가는 작업이, 편지강사의 목적이다. 말 한 마디로 천 냥 빚도 갚는데, 편지의 힘은 만 냥의 빚을 청산할 수 있다.

편지란? '마음과 마음을 이어주는 다리' 그것이 전부다.

마음의 표현은 즉 자기 관리다. 예의를 갖추어 쓰면 결국 자신이 대접을 받게 된다. 상대를 배려하는 마음을 나는 플러스동작이라고 말한다, 플러스 발상 표현이 진정한 편지의 승리, 편지의 승화다. 편지쓰기는 선한 마음의 작용, 그것이 편지쓰기의 결정체다. 좋은 편지는 상대의 필요를 채워주고 자신의 내면을 바라보는 것. 보이지 않는 움직임이 일어나기 때문에 편지가 위대한 것이다.

여담 하나, 나는 1989년 체신청 시절 편지쓰기장려회공모 동상 수상자였다. 심사위원이 윤석중 황금찬선생님이셨다. 그때의 편지 한 통이 계기가 되어 지금 작가로 편지강사로 활동한다. 은퇴 없는 영원한 현역으로 자유인이다.

편지가 인연이 되어 꿈을 이뤘다. 꿈이 꿈으로만 그치면 일장춘몽이다. 꿈이란 꿈만 꾸거나 꿈을 이루거나, 둘 중 선택은 자신의 몫이다.

아까 말했듯이, 명품 옷은 인생을 안 바꿔주지만, 생각의 가치는 인생을 바꾸는 기회를 만들어 준다고.

가족, 친구, 나에게 왜 편지 쓰는 습성을 들여야 하는지 설명이 됐지 싶다.

자신을 표현하여 상대와 소통하는 글. 사람이 사는 사회 속에서 소통하지 않고 제대로 살 수 있는 길은 아직 없었다.

편지의 장점은

'우리가 함께 할 수 있구나' 혹은 '우리는 함께 가고 있구나'

그러한 반응이 일어나면 편지이야기는 그 가치가 충분해 진다.

편지로 소통하는 법이 삶의 기술력이 될 수 있다. 편지의 독특성을 살려 자기 홍보도 열심히 해야 한다. 인간세상을 움직여 가는 것은 결국 마음이 결정하게 되니까.

편지를 쓰는 모든 감정은 경험을 통해 일어나게 된다. 즉 경험을 편지정서의 도구로 삼아보면 통찰력을 찾아가게 하는 의식이 생긴다. 자신의 발견 아닐까.

나는 긍정의 에너지가 전부다. 재물을 크게 가져본 적은 없지만 마음이 가난한 적도 없었다. 행복한 사람 곁에는 행복바이러스가 들끓기 마련이다. 그래서 나는, 나의 이 행복 바이러스를 전하는 일에 적극적이다. 좋은 생각을 가진 사람을 좇아가다 보면 닮는 법이다. 부자가 어디에 있을까. 열 가지 중 아홉 개를 가졌으면 충분한 축에 속한다. 나의 모든 행복의 조건은 편지 한 통으로 비롯되어 오늘의 결과를 이루었다. 인생의 변화를 가져올 수 있었다. 나의 편지이야기가 독자들 견해와 다를 수도 있다. 그러나 곰곰 생각하며 편지가 안겨주는 꿈을 믿고 겸손하게 받아들여보기를 바란다.

늙으나 젊으나 배움은 촛불과 같다.

나의 편지이야기, 편지와의 소통은 언제까지나 이어지리라.

천직과 강사

오늘 일정표를 보니 문학회 행사와 초등학교 강좌 두 군데다.

문학회는 야유회여서 불참해도 별 지장 없고 강좌는 학교아이들 시간표와 약속인 고로 불참이 불가능하다. 노는 것보단 가치 있는 일에 선뜻 손을 먼저 들었다. 학기 내내 강좌를 하면서 재밌는 현실에 가끔은 혼자 웃곤 한다. 신은 결코 나를 외면하지도 배신하지도 않는구나라는 생각을 하면서…. 맨 처음 모 여성단체수장으로부터 강좌 일을 돕자는 요청을 받았을 때 나는 생각 없이 무조건 봉사로 받아들였다.

그런데 첫날 수업을 마치고 점심을 먹는데 하얀 봉투를 준다.

앗, 이게 뭐에요 라고 물었더니 작가에 대한 예우라며 약간의 지폐가 들어 있었다.

무료 봉사일지라도 귀한 일일 진데 거기다 급료까지 챙겨주다니 금상첨화 아닌가.

잘 늙어가는 대책 중의 하나로 편지 강사 하나를 더 추가시켰다.

나를 향해 '갑수야 너 잘했어' 잘한 결정이라고 칭찬을 했다.

젊은 강사들과 합류하며 행여 나이 앞에 주눅 들까 염려가 안 된 건 아니다.

하지만 젊은이들이 갖지 않은 매력이 내게는 분명 존재한다는 확신이 서 있었다.

젊은 시절에 쌓아 놓은 노력만으로 그네들과 충분히 현재를 나란히 걸을 수 있음을 입증하면 된다. 가치를 창출하는 데에 있어 남녀노소가 무슨 상관인가.

일이란 노후 대책 중 최고의 자산이다.

어쩌면 자신을 사랑하는 일 중 첫 번째 리스트로 손꼽을 수 있다.

어쨌든 건강하게 잘 늙어가기로 하자. 나의 화두는 오직 이것 하나로 귀결 짓는다.

'시간의 흐름을 뉘라서 피할 손가, 누구나 걸어갈 수밖에 없는 길, 그러나 잘 늙는 데 최선을 다 하자는 목표 그것에 마음을 두자'

홀로 어린 자식들 거둘 때 미래가 근심 되어 현실이 캄캄했던 적이 있었다.

부닥치는 거야, 보이지 않는 미로 같은 그 길을 건너 오늘 여기까지 이르렀다.

세상 무엇도 해낼 수 있을 것 같은 용기, 의지, 인성, 지력, 체력 그것이 나의 자존감이다. 마음 챙기는 것이 우선이어야 한다. 그저 생각에 머물면 생각밖에 안되는데 행동이 따르면 쓰던 달던 맛이 우러난다. 추구할 게 없는 게 아니라 버릴 게 없어야 한다. 꿈이란 목표가 어떤 이는 이미 성취하여 시시한 일이 될 수 있으나 아직 거기에 못미친 이에게는 마냥 꿈으로 남아 파란 신호등을 켜고 계속 전진해 가야 하는 것이다.

남편이 천직으로 여기던 교직을 너무 이른 나이에 놓아버린 아쉬움이 컸었다.

지금 내 나이는 그의 교직 정년을 훌쩍 넘긴 세월 앞에 섰다.

시간을 갉아먹지 말고 생을 창출하는 사람으로 생명력을 키워가는 이유를 만들어 가면 좋을 일이다. 내 기준만을 옳다고 주장하면 자칫 지옥을 만날 수가 있다. 강좌의 본질을 성찰하여 잘 해보기로 하자.

그가 못 다한 교단의 인연을 아내를 빌려서라도 대신 좀 더 잘 해보라는 하늘의 뜻이었을까. 역시나 인생은 묘미가 있다.

세상은 이래서 지지고 볶는 재미있는 천국, 한바탕의 굿판이랄까.

수필가족
하루엄마 만세

달 항아리는 황토 집의 이름표다. 마당에 키 작은 주홍빛깔 꽃들이 웃는다. 자연이 소란 소란하다. 마치 나를 반기듯 살랑인다. 하늘과 산 풍경이 어울려 그림이 참 좋다. 맑은 냄새에 싸인다. 아름다운 평화의 놀이터 같다.

하루엄마는 수필로 인연 지은 관계다. 오늘, 수필가족을 달 항아리로 이끌어 준 분이다. 터미널에서 만났다. 눈도 작고 얼굴도 작다. 그런데 손이 무척 크다. 나로서는 감당이 안 될 만큼의 보따리 앞에서 깜짝 놀랐다. 준비물이 예사롭지 않다. 열 한 식구 먹을거리와 선물 등등이었다. 두루두루 살피는 성품이 날개 없는 천사다. 그래서 신神을 대신하는 엄마라는 수식어가 어울리는 여인이다. 하룻밤 떠나는 잔치를 위한 그녀의 수고에 고개가 숙여졌다. 그 정성을 말로는 표현이 모자란다. 사람을 애지중지 하는 그녀에 대한 화답으로 손뼉밖에 보낼 방법이 없었다. 배불리 먹고 등 따시고, 하루엄마가 풀어주는 품이 하도 아늑해, 덕분에 참으로 오랜만에 사람의 맛을 음미했다.

수필여정의 하이라이트는 패션쇼다. 뒤적뒤적 옷을 꺼냈다. 나는 솔직히 말하면 오늘 수첩 속 버킷리스트 하나를 지울 차례다.

올 여름 패션은 하의 실종이 대세다. 홀딱 벗은 두 다리 문화가 노소불문하고 눈길을 잡는, 좀 난감한 시대다. 지하철 풍경은 더더욱 가관이다. 폭염에 시달리며 나도 한번쯤 숏 팬츠를 입고 싶었다. 그 시원함을 경험하고 싶던 차에, 하루엄마가 주최한 프로그램에 참여했다.

이 날을 위해 오래 묵은 바지 하나를 싹둑 잘라 바느질해 왔다. 패션쇼는 워킹이 백미다. 나도 행진 태세를 갖추었다. 허벅지 위험수위까지 벗었다. 그리고 걸었다. X자로 꼬고 앞가슴을 헤쳤다. 기회다 싶어 맘껏 자랑할 요량이었다.

칠십 대를 사십 대로 살자는 게 나의 생활신조다. 나 자신의 정열에 힘을 실었다. 노년은 주눅이 들면 안 된다. 이러한 하나의 실천이 나비효과로 나타날 수 있어야 젊음을 지킬 수 있다. 세월의 나이를 마이너스로 증명했다. 의식의 가치가 행복해지는 이유다. 나는, 나를 21세기에 맞추는 점이 중요한 이슈다. 자기 사랑에 인색할 필요 없다는 게 나의 주장이다. 삶의 질적 수준은 오직 본인이 결정하고 선택할 문제다. 생각의 변화는 세상이 꿈일 수 있고 그 반대일 수 있음을 증명해 준다.

오늘처럼 구경꾼이 봐주는 패션장터가 섰을 때가 찬스다. 생각 따라 행동 따라 스스로에게 정직하고 싶다. 솟 바지 입어보니 날개 단 듯이 기분이 쑥 오른다. 오늘 보니까 나를 감상하는 재미가 괜찮았다. 하루 엄마의 신선한 아이디어가 달 항아리 앞마당을 뜨겁게 달구었다. 재미가 여간 짭짤한 게 아니었다.

봄은 달 항아리 쥔장이며 수필가족이다. 달 항아리 뜰에 서서 고개 올리면 토지문화원이 곧바로 보인다. 대한민국 문학사의 거대한 획을 긋고 한 시대를 풍미한 박경리선생님 얼굴 같은 몸통 같은 이곳. 토지문학공원과 더불어 문학의 흐름으로 으뜸의 경지로 꼽힌다.

앞으로는 높고 낮은 산맥이 천혜의 위엄을 자랑하고, 뒤로는 달 항아리 지붕과 문화원, 문필봉이 일직선상에 놓였다. 우연치고는 기막힌 현상이다. 붓을 휘둘러 文狀이 되라는 신神 아니면 산山의 경고인가. 그도 아니라면 봄님의 기적 같은 필운必運 문운文運인가. 봄님은 수필가를 겸한 시 낭송가다. 아들 또한 미래 작가 지망생으로 공부 중이다. 글발 모자母子의 운세가 기적 같은 팔자라고 단정해도 될까, 사람과 환경과 그 하모니가 딱딱 맞아떨어져 더 환장할 노릇이다. 문필봉이 날마다 엄중하게 내려다보는데, 어찌 문학을 고뇌하지 않을 수 있겠는가. 역사마을 귀퉁이에서 등신불처럼 숨을 쉰다. 애면글면, 홀로, 안으로 다독이는 지고지순함이 갸륵한 여인이다.

수필사람들, 치악산 정기를 호흡하며 걸었다. 구름과 바람, 청청 숲과 계곡을 벗 삼아 떠돌았다. 밤이 되었다. 둥근 식탁에 놓인 생 막걸리 취기를 발동한다. 보기만 하는데 벌써부터 가슴에서 너풀댄다. 글쟁이들 술기운에 쌓인 얘기가 술술 쏟아진다. 근심 걱정 털려서 좋은 시간이다. 세상에 아픔 없는 사람이 어디 있으랴, 오디술 한 잔에 머리가 핑 돈다. 불면에 시달리던 친구가 뇌의 뚜껑을 열고 앓아오던 통증을 메스 같은 '용기'로 찢어서 해부한다. 그게 무슨 비밀이라고. 찢어서 도려내면 그만인 것을 끌이고 살았었나보다. 참고 견디던 내면의 갈등, 그 속옷을 벗었다. 부담 없는 자리에서 제 3자와 소통하는 것도 치유의 수단이 된다. 몽니 같던 흉이 사랑이었음을, 애愛 둘러 뭇별에게 응석을 부린다. 잠 못 들게 하던 남정네 등짝이 미워서 또 얼마나 애를 태웠을까. 그래서 오늘은 후련했을까 싶다. 아팠었구나. 그래 나도 아팠었어, 하나 둘 절절한 사연들이 불쑥불쑥 고개를 쳐들고 나왔다. 응어리가 터졌다. 죽음 직전까지 등 돌리던 부모를 화해시킨 지극한 효성이 귀감이었다. 상대의 아픔을 들어 줄 때가 사람은 진짜 멋쟁이다. 이게 사람 사는 맛이다. 감춰 곪아 썩히는 것보다 꺼내어 씻어버려야 한다. 서로 공감할 때 우린 훌륭한 관계로 이어가는 수필가족이다. 치유의 쉼터였다. 도시인은 산촌을 꿈꾸며 틈틈이 탈출을 시도한다. 오늘 같은 자유가 그리워서….

치악산 폭포와 구룡사 돌길이 노곤했는지 잠이 몰려왔다. 느닷없이 하루엄마가 하는 말, '가면 팩 놀입니다. 어서 오세요'라고 소리친다. 앗뿔싸! 이게 또 뭔 일? 호랑이, 고양이, 사자, 늑대 등등 형형색색의 얼굴상이 저마다 괴기스러워 폭소 연발이다. 웃지 않을 수가 없다. 열 명이 둥근 원으로 누웠는데 어디 다른 나라 문화를 체험하는 현장 같다.

하나에서 열까지 하루엄마 작품 감독 연출까지, 역시나 무대의 주인공은 우리였다. 나를 돌아보니 작고 작았다. 선배로 한 게 없다. 그녀의 희생과 봉사로 얻은 웃음의 현장이었다. 그 정신은 닮고 싶지만 그게 어디 아무나 되는 일인가. 천성이 달라 각자의 그릇이 다르게 만들어졌을 것이다. 경외심이 우러난다. 하루엄마의 성정을 발견하고 내가 한없이 움츠려졌다. 선배라는 이름이 허울 같아 부끄러웠다.

수필사람들 여정은 발로 눈으로 특별하고 귀한 걸음이었다. 기억은 죽이면 쓰레기도 못된다. 피와 살이 움직여 가슴 뛰던 흔들림에 혼을 당겨 써야 한다. 그래서 우리를 작가라고 부른다. 떠나고 돌아옴에 있어 적어도 글에 대한 사명이 수필예의다. 수필의 완성은 삶의 이해와 사람에 대한 통찰력, 그림이 보이고 읽는 이의 공감을 사오게 되면 제맛이 우러나는 법. 수필의 힘 그것이 수필의 화음이고 합창이다.

오늘처럼 수필가족 만세 부르기 하는 날이 쉽지 않은 세상 속에서….

하늘나라 우체통

세월호 참사 1주기가 다가올 무렵, 관심 있는 분들과 동승해 팽목항으로 갔다. 일 년이라는 시간을 여과하면서 다시 그날을 되새기는 시간을 마주한 것이다. 누구는 죽고 또 누구는 살았다. 생멸의 항구, 그 팽목 바다 앞에 서자 몸이 휘청거렸다. 잠시 어지럼증이 일었다. 그때 생사의 갈림길에서 울 수조차 없었던 처절한 목소리가 생생히 들려오는 듯 했다. 절체절명의 순간에 부닥치면 과연 나는 어떠할까.

파도소리가 영혼들의 처절한 울음처럼 귓전을 때린다. 해는 수평선에 닿을 듯이 빛과 열기를 물 위로 내리는 중이다. 304명의 목숨을 삼킨 파도는, 언제 그랬냐는 듯 잔잔히 출렁대고 있다.

우리 일행은 일몰에 맞추어 바다 가운데 선 등대에 불을 밝히기 위해 왔다. 뜻 깊은 행사에 동참하니 마음이 숙연해졌다. 추모 편지와 시 낭독이 있었다. 유가족과 영혼들에게 위로가 되기를 바랐다. 한국편지 가족과 불교, 기독교, 천주교 단체의 아름다운 생명의 행사였다.

아직 수습이 덜 된 유가족들의 울음 섞인 언어가 파도를 타고 번져 간다. 황혼의 노을이 온통 붉다. 해의 거동이 수상하더니 금세 그 몸통이 물 아래로 가라앉는다. 그리고 드디어 일몰을 타고 바다에 불꽃을 피웠다. 계란 옷으로 치장한 304개의 혼백에게 불빛을 바쳤다. 순결과 평화의 상징, 하얗고 노란 색깔로 탄생한 영혼에게 극락왕생하기를 기도했다.

생명으로 승화 하소서. 아직 갈길 몰라 허공을 헤매는 영혼들이여, 이 빛줄기를 타고 그대들 계신 곳에 평화와 휴식이 함께 하소서. 지금도 물속에 계시거든 부디, 어서 하늘 길로 오르소서. 이제 그만 이승의 미련 놓으시고 저 높은 별자리로 오르소서.

땅에는 연등이 하늘엔 별들이 총총했다. 불꽃이 하나둘 꼬리를 물었다. 연신 하늘 길로 두둥실 떠갔다. 올려다보는 부모님께 '엄마아빠, 걱정 마세요' 하듯이…. 추모의 애잔함이 흐르는 동안 내 마음을 영혼들에게 전했다. 슬퍼하기보다는 별이 되라고.

영혼을 추모하는 유등잔치는, 아무 곳에서나 볼 수 있는 것이 아니다. 더욱이 그 애잔함은 예술적 감흥까지 불러일으킨다. 어둠이 내린 바다는 온통 검었다. 출렁대는 파도가 유령처럼 흔들렸다. 순간 소름이 돋았다. 마치 '제발 나 좀 살려주세요.' 하는 환청이 점점 가까이 다가오는 느낌마저 들었다. 환영이 오락가락해 머리에 통증이 왔다. 아득한 곳으로 누군가에게 끌려가듯 나는 잠시 정신줄을 놓쳤다.

목사님과 스님이 별빛과 해면 사이에서 서로 인사를 나누었다. 기독교에서는 등대에게 계란으로 영혼을 부활시켰다. 생명의 빛으로 축제처럼 선물했다. 불교에서는 연줄에 불꽃을 띄우듯이, 천도제로 길을 열었다. 지상에서 바라보는 우리들 가슴도 환해졌다. 캄캄한 바다를 타고 흘러나오는 추모트럼펫의 울림은 음악이 아니었다. 그것은 깊고 깊은 저 아래 가슴으로부터의 통곡이었다.

밤바다에 심어진 빛의 행렬은 장엄하고 휘황했다. 산 자와 죽은 자가 동행하는 한바탕의 굿판이었다. 잠시라도 가족을 잃은 망연함을 추모의 열기로 대신할 수 있어 다행이었다. 유족들의 안타까움은 무슨 말로 위로가 되겠는가. 바라보며 억누르는 내 가슴 또한 애달팠다.

팽목항에는 작은 배를 타고 하늘로 항해할 태세를 갖춘 우체통이 있다. 그 옆에는 사연을 담을 종이와 연필, 봉투가 준비되어 있고 다른 작은 통이 마련되었다. 누구나, 아무나 이곳에 오시어 사연을 쓰고 싶을 때 쓸 수 있도록 행복발전소가 배려한 사회헌신운동의 일환이다. 우체통은 저에게 '편지 밥'을 주세요, 하듯이 우리를 반겼다. 우정배달의 상징 날쌘 제비가 금방이라도 창공 저 너머로 소식을 전할 것처럼 그려져 있다.

조각배에 둥둥 실린 하늘나라 우체통, 편지 밥을 얼마나. 먹었는지 배 둘레가 두둑하다. 04월 16일은 한 달 후다. 행사가 끝나고 우체통의 입을 열었다. 하늘로 가는 사연들이 가득하다. 가슴으로 보듬을 만큼 많은 양이었다. 하늘나라 우체통, 배가 부르니 보는 이들의 아픔과 기쁨이 교차한다. 차마 닿을 수 없는 미묘한 마음의 움직임이 느껴졌다. 주소 없는 편지의 주인은 어디서 배달부의 편지를 받을까.

목숨을 강탈해간 바다여, 몸부림이여, 바람이여, 파도여, 0416의 아우성이여, 평화의 별이 되기를…. 그대들 넋을 기리는 우리들 다 함께 고개 숙여 묵념하노라. 꽃피고 새우는 피안의 그 곳에서 부디 다시 태어나소서.

나, 팽목항 바다에 서서, 내 뼈마디가 굳어지는 까닭을 누구에게 물으리까.

4부

독도
우체통아

경상북도 울릉군 울릉읍 독도리 산 1의 37번지
우편번호 799 그리고 805

독도 우체통아,
너는 반만 년 역사를 함께 품어온 민족의 얼
바다 위 대한의 금광 하늘 아래 대한의 땅
한반도 동쪽 끝을 알리는 등대 불이다

천 길 만 길 바다 밑에서 용트림 몸짓으로 불끈 승천한
동도와 서도, 한국령韓國領이다
이사부 장군이 우산국을 최초로 영토에 편입시킨 증거가 바로 너

란다

안용복 장군이 두 눈 치켜뜨고 일본으로부터 지켜온 증명이 너란 말이다

그 누구도 너의 흙을 함부로 건드려선 안 된다

정의는 날마다 태어나는 찬연한 빛
정의는 무덤 속에서도 피어오르는 향기
정의는 겨레의 뜨거운 맥박으로 살아온 오늘의 값이다

독도 우체통아,
강요된 성노예 진실을 만방으로 알려라
짐짝 취급 받은 위안부 억울함을 사과 하게 해라
육체의 관계를 파산 당한 열여섯 숫처녀 가슴을 어이 할 꺼나
총알 전쟁에서 숨죽인 여인들 소리 없는 만가를 어이 할 꺼나

독도 우체통아,
우리의 잃어버린 36년 타는 애간장 숨어 통곡하지 않았더냐
역사를 부정하는 일본의 거짓을 세계로 배달해 다오
너의 빨강 몸통 침략자 막아내는 경고등 전략戰略이 되어 다오

자자손손이 해군이 공군이 육군이 지킬게

독도 때문에 한국으로 영구 귀화한 일본인 교수도 지켜줄게
태극기 휘날리어 온 국민의 함성으로 너의 지축을 울려줄게
자랑스러운 우체통아,
너는 유구한 기록이야 장부야 조국의 심짓불이야
칠천만의 당찬 얼굴 얼굴이야
너는 거기 선 채로 언제나 크게 웃어라

우리 한 데 어울려
역동의 힘으로 뭉쳐
독도 자유를 만세 부르자

어머니의 사진첩

수줍던 처녀 총각 우리의 젊은 날
사랑 꽃 생명 꽃 애기가 태어나
돌날의 찍었던 가족사진 속에서
설레던 웃음이 봄 물결 치네요

시간이 흐르고 현실에 밀리고
안으로 거느린 뜨거웠던 사랑
한걸음 또 한걸음 힘든 하루 또 하루 한 세월
외롭던 어느 날 꺼내든 사진첩
엄마 아빠 닮아 있네

검은머리 어느새 은빛 되어 날릴 즈음
목에 걸린 가시 눈물 기린 목 그리움
생일잔치 모여모여 활짝 웃는 얼굴 얼굴들

꽃피던 옛날에 엄마 아빠 시켜 주어서
꿈길 따라 울다 웃다 두 손 모아 엎드렸어
애태우던 그 시간들 구름 가듯이 날려서

우리들의 웃음꽃 피우네 피우네
가족사진 웃음꽃 피우네 피우네

초대장

산중의 밤은 온통 검정색 어둠이 이불이다

모든 게 일단 멈춤이다
욕망을 태워버린 천지
사방이 고요하다
적멸이다

시간아 오도 말고 가도 마라
그대로 뚝
잠을 잔다는 것은 숨을 죽이는 일
사람은 죽어야 산다 사람은…

살기 좋은 도시 1위의 과천을 떠났다
별천지가 반기니 어찌 홍겹지 않으랴
그만해도 과천이 상당한 도시였나 보다
새색시의 조신함 같은 곳
생각이 끊어지고 평화가 앉는다.
맥없이 나오는 미소가 그냥 좋다.
굉장한 해방감이다 자유…
내가, 나 아닌 듯하다

산자락 등허리가
세상
그 뭣도 다 공하다고

과천 재건축을 빌미로 우연찮게 만난 싱그러운 마을
지난봄에 구경삼아 왔다가 한눈에 반하여
냉큼 몸을 부렸다

이 몸 하나 틀기로 제격인 둥지
갑수표 생활에 새 길동무
묵언의 자유

나사랑 캠페인 걸음걸음이 축포다.
애면글면 자식도 멀다
살아보고 나니 다 타인이다

세월아 가는 대로 가거라 나는 아직 예서 노닥거릴 게야

아하!
인생이여!
달빛처럼
차지도 기울지도 않게
지금처럼만 재미있어라

친구한테 전화가 왔다 자랑에 침이 마른다

갑수야
거기가 어디 메여
여보게 친구야,
여기? 여기는
생각을 도둑맞고 웃는
바보 천국

친구야
우리 죽을 때 알림장 같은 거 보내지 말기다
저 세상이 제 아무리 두렵다 해도
우리 이별보다야 덜 하지 않을까.

친구야, 어서 한 번 오시게
옛 친구가 기다리는 이 숲으로…

소쩍새 마을

강원도 소쩍새 마을로 가는 날은 눈이 펑펑 내렸었다. 지인으로부터 몇 상자의 옷을 기부 받았다. 몸 가누기 어려운 장애자가 있는 곳이다. 타인의 손길이 아니면 생활이 지속되지 못하는 사람들, 그러나 얼굴은 천사를 닮은 사람들, 젖먹이에서부터 노인에 이르기까지 남녀노소가 공존하는 곳이다. 손짓 발짓 온몸으로 이야기를 나누는 사람들이다. 목욕과 내일 아침식사 준비까지 마치고 차마 발길이 돌아서지지 않는 곳이다.

고아원을 잊을 수 없다. 부모가 없는 고아보다는 이혼가정의 부모 있는 아이들이 더 많은 곳이다. 동서식품회사에서 물품을 지원받아 전달하며 아이들과 함께 놀다 오는 오곤 했었다. 아이들마다 가지가지 사연들이 가득한 곳. 그리고 대한민국을 짊어질 미래 희망이 숨쉬는 곳이다.

혀가 없으면 음식의 맛을 모르듯이 배움이 없으면 인생의 의미를 모른다. 봉사는 봉사를 해본 사람이 다시 하게 된다. 봉사는 결국 자신의 기쁨이다.

봉사에는 한계가 없다. 루소는 이렇게 말했다. '스스로 배울 생각이 있는 한 천지만물 중 한 가지도 나의 스승 아닌 것이 없다.' 하였고 또 사람에겐 세 가지 스승이 있으니 하나는 대자연이요 둘째는 인간이요 셋째는 사물이 그것이다. 봉사에는 장르가 다양하다. 환경봉사도 중요하여 빼놓을 수 없다.

당신이여

여보, 당신 계신 곳은 언제나 꽃이 피고 새들이 노래하는 거 맞나요.

당신과 헤어지고 지금에야 보고서를 올립니다.

당신 그리움을 어찌 필설로 다 하겠습니까.

딸 셋 낳은 후 늦게 얻은 아들 보고 싶어 어떻게 누워 계십니까. 그 아들이 수험생이던 해로 잠깐 더듬어 돌아가렵니다. 입시철만 되면 온통 세상이 술렁이거든요. 대학 문턱을 넘기 위한 실전, 실력을 판가름 내는 시간이니까요.

당신이여, 정말 꿈 속 같았어요, 아들이 스무 살 청년이 되어 제 앞에 섰을 때 말입니다. 이런 모습을 당신께 보여줄 수 없어 안타까웠습니다. 그날은 대학 입시생으로 발표를 기다리는 초조함이, 당신도 저랑 같았을 것입니다.

새벽에 주섬주섬 옷을 챙겨 입었습니다. 머릿속엔 오직 한 가지 생각만 맴돌았어요. '합격의 영광을 아들에게'라고. 발표장 언덕을 오르며 홀로 지나왔던 삶의 발자국들이 되돌아보아졌어요. 아들에게 슬픔을 겪게 한 일이 밀려와 울컥 목이 메었답니다. 당신 없는 그 세월을 어떻게 견뎌왔을까요. 아들 중학교 입학 할 때, 다른 친구들 아버지만 눈에 띄었어요. 부러움과 그리움으로 저는 말을 잃은 채 하늘만 봤는데 아들은 발을 꼼지락거리며 고개를 숙이던 그 생각이 나네요. 아버지라는 말을 입 밖으로 토하는 것조차 모자에겐 고통이었으니까요.

여보, 저는 그 때 아들 손을 잡고 각오를 단단히 했어요. '아버지 있는' 아이들보다 더 훌륭하게 키워내겠다고요. 모질고 무섭게 아들을 닦달했어요. 당신의 좋은 성품을 닮은 아들은 기특했어요. 제법 힘든 집안일을 당연히 제 몫인 양 주저 없이 해내더군요. 그뿐이 아니에요. 틈만 나면 제 곁에서 서성거리곤 했어요, 당신이 그랬던 것처럼요. 어버이날이면 편지를 쓰는데 '아빠 엄마 보세요'라고 몇 줄 써 내려가다 아빠가 안 계신다는 걸 깜빡 잊었다며, 지워버린 종이가 눈물로 얼룩져 있는 것을, 자꾸 눈물이 나와 더 이상 쓸 수 없어 접어둔 그 편지를, 며칠 후 책상 서랍에서 발견하고, 저는 내 정신이 아니었어요. 가슴 찢어지는 아픔이란 아마 이를 두고 하는 말 아니겠어요. 온 밤을 뜬눈으로 지새웠어요.

여보, 세월이 훌쩍 갔네요. 아들은 옆길로 고개 한 번 돌리지 않고 책과 씨름했어요. 아버지의 명함판 사진을 천장에 붙여놓고 행여 공부에 게으름을 피울까봐, 아버지가 내려다보고 계신다는 걸 훈화처럼 여겼어요. 과외는 말만으로도 허영인 우리 환경 속에서 특목고 본고사를 거뜬히 치러냈답니다.

당신이 남겨준 아들 바라보는 것만으로도 저는 사는 일이 신명났어요. 당신이 없는 세상 파도를 헤치며 역경을 참아내는 법, 시간이 우리를 위해 멈춰주지 않는 법, 노력한 만큼 반드시 보상이 따르더라는 법을 하나씩 증명해 냈어요. 아들은 아무도 돌봐 줄 수 없는 대학이라 하는 새로운 출발 선상에 섰습니다. 응용과학을 공부하겠다며 앞날의 꿈을 말하곤 하는데 당신만큼이나 듬직했어요. 우리가 비록 물질로 가진 건 넉넉하지 않지만 정신의 성숙도는 21세기 선두주자쯤 된다고 자부할 수 있어요.

여보, 이제는 아들을 내 영역 밖으로 밀어낼 차례입니다. 강하게 사는 방법을 스스로 닦으라는 뜻이지요. 지금까지 우리에게 목표가 있어 삶이 진정으로 축복이었어요. 합격자 발표장으로 가던 그때 설렘과 두근거림을 당신은 아마 모르실 겁니다. 떨어졌을까, 붙었을까, 캠퍼스로 한 발 한 발 옮기던 기억이 새삼스럽네요. 우람한 관악산 정기가 아들 가슴에 쐐기처럼 박히길 소원했었거든요. 수험번호 231164라는 숫자가 두 눈에 확 들어왔어요. 당신의 피붙이, 이름 석 자가 또렷이 정갈하게 당당하게 하얀 종이 위에 적혀 있었어요. 희망이 하는 일에는 절망이 없더라는 진리를 확인하는 순간이었어요. 눈물이 났습니다. 불현

듯 당신이 보고 싶더군요. 산꼭대기 하늘 너머로 눈길을 주니 당신의 환영이 보였어요. 제게는 심짓불 같았던 남편이, 아들에게는 정신적 지주였던 아버지가.

여보, 나 거기 서서 넘치는 호사를 누리는 학교 마당이 극락이었어요. 꿈결처럼 당신의 미소와 마주했었으니까요. 한때는 고3 어머니 노릇이 지긋지긋하게 진저리났던 적도 있었어요. 그러나 아이들 앞날이 태양처럼 환히 열려 인고의 시간을 보상받았으니 무얼 더 바라겠어요. 우리 집의 마지막수험생으로 아들이 수월하게 마감지어 준 셈이지요.

여보, 나, 살아온 날들이 몸살 같았어요. 훗날 젊은 당신 곁으로 갈 때 흰머리 올드 걸인 저를 환영해 줄 거지요. 내내 평안하기를…

2015년 정월 스무이틀에

당신의 아내가

여왕의 하루

한국이 4강 신화를 이루던 해다. 월드컵으로 들썩일 때 아들은 얼굴과 온몸에 페인팅을 하고 태극기를 높이 쳐들고 운동장으로 입장했었다. 그리고 경기가 끝난 후, 유학길에 올랐다.

그 후 십년, 아들은 세 식구 되어 돌아왔다. 아들 어깨에 앉은, 처음 보는 손녀가 할머니를 부르며 내 눈과 마주친다. 나는 동구 밖 너머를 얼마나 애타게 서성댔던가. 할미를 알아보는 피붙이가 내게로 안긴다. 조손간의 정이, 처음 잡은 손에 온기가 전해져 감개무량하기 그지없다.

집에 닿자마자 손녀는 '개굴개굴 개구리 목청도 좋다.'라는 동요를 부르기 시작한다. 미국에서 낳은 손녀가 한국말을 못할까 걱정했더니 아들 내외가 애써 가르친 모양이다. 어찌나 또랑또랑 맑은 소리를 내는지 귀여움이 절로 묻어난다. 글로벌시대에서 자식이 지구촌 어디에 산들 속태울 일은 아니니다. 모국의 정체성을 간직하며 건강하면 될 일이다.

나이 70을 從心 또는 古稀, 뜻대로 행하여도 도리에 어긋나지 않는다 했다.

칠십을 맞이한 어머니가 자식에겐 특별했던 모양이다. 맞벌이 내외의 일 년 치 휴가를 모아서 한국에 들어왔다. 요즘 젊은이들 참 깜찍하다. 체류할 시간은 보름이란다. 그 중 본가와 처가, 시댁과 친정에서 반반씩 나누어 지내기로 했단다. 한국에서의 일정을 말했을 뿐인데, 뭔가 좀 미묘한 오기가 일렁인다. 아뿔싸, 아직도 내가 구시대적 노인이었구나, 나를 들킨 것 같다.

한국에 있는 동안이나마 아들 독차지 하려는 욕망을 통제하기가 쉽지 않다. 나의 감정절제와 통찰력이 필요한 시점이다. 아들로부터 미리 알림장을 받은 기분이 철렁했으나, 곧 호흡이 정리되었다. 금쪽 같은 시간을 서로 효율적으로 쓰자는 자식 제안에 이유를 달아선 안 될 일이다. 시어머니라는 묵은 사족에 휩쓸려 잠시 혼란스러웠다. 하나뿐인 아들 혼인시키고, 고부의 무늬와 방향을 잘 잡아가야겠다고 다짐하지 않았던가. 근사한 노인으로 자신을 만들어 가자는 것이 꿈일 진데…

변화는 내가, 나를 바꿀 때가 진정어린 변화이리라.

나의 칠순을 위한 잔치집을 미국에서 예약했단다. 지구촌이 하나로

묶인 세상이 틀림없었다. 직계가족들 한 데 모여 밥 먹을 생각에 벌써부터 가슴이 뛴다. 내 뿌리에서 자란 튼실한 줄기와 단 즙 같은 열매가 주렁주렁 매달렸으니, 어찌 감개무량하지 않을 손가.

대문이 예사롭지 않은, 마치 조선시대 궁궐 같은 집에 도착했다. 서울변두리에 이렇듯 은밀한 집이 감춰져있다는 게 놀라웠다. 향내가 번지는 정원을 걷는 걸음이 구름 밟는 감촉이다. 마당에 흙을 붓으로 그린 듯이 빗질이 예술이다. 별빛에 물든 파란 밤하늘, 저 한 쪽에서 활활 타는 장작불꽃 그리고 연리지소나무 그림자가 비밀스런 인연처럼 누워있지 않은가. 그 순간 하늘을 보는데 남편의 웃는 얼굴이 나타난다. 목울대를 자극한다. 좋은 날, 수묵화 같은 풍광 앞에서 눈물이 맺힌다. 일찍 떠난 혼백을 불러보고 싶다. 염라대왕께서 외출시켜 주면 얼마나 좋을까.

자식들과 동행한 황홀한 잔치놀이터에서 나조차 몸 둘 바를 모르게 한다. 잠시잠깐 그에게로 홀려 끌려가는 듯했다. 차마 나를 어쩌지 못해 숨죽여 온 인고의 세월, 그 애달픈 위기의 강을 건너, 나 지금 여기에 서 있다. 지나간 시간이 통증처럼 다시 되살아난다. 그냥 머릿속이 하얗다. 그리움이 밀려와 자꾸 헛발질이다. 다시 숨을 고르고 망각의 기술을 부려 고요해졌다. 찰나 찰나가 깨달음이다. 앞뒤 좌우로 가솔들 호위를 받는 느낌이 여간 나를 흥분시키지 않는다. 오늘처럼 살아서 음미하는 충만감이 천국세상이다. 나는 오늘 미친 여자가 되어 춤을 추어도 좋으리.

아들이 정한 방은 한참을 걸어 뒤쪽에 있었다. 방에 들어서자 손자들이 방방 뛴다. 분위기에 압도되어 모두 입을 다물지 못한다. 아! 참 좋구나, 이런 집을 어떻게 구했어? 이 말밖에는 달리표현 할 수식어가 없었다. 바깥 풍광에 마냥 호강했는데 내실조차 그윽하기 이를 데 없다니. 오늘만 살다 내일 죽어도 여한 없을 지경이다. 좋은 느낌이 줄곧 달라붙는다. 아들의 존재감이 홀어미를 웃음 짓게 한다. 해외동포로 주저앉을까 끙끙 앓던 노파심이 부끄러워진다. 꿈이 꿈결로 그치지 않았음을 아들이 현실로 증명해 주는 자리다. 남편과 인생의 절정기를 누비던 그때로 회귀하여 서성대는 기분이다. 그가 떠난 후, 자식들 거두며 힘들었던 궁색함조차 싹 가셨다. 내가 여왕이 된 양 황홀하다. 벽에 걸린 빛바랜 누런 액자가 이 집 품격을 진하게 풍긴다. 그 방은 시간을 거슬러 한국의 역사가 흐르고 있었다. 한지에 써 내린 붓글씨가 금방이라도 먹물이 번질 듯하다. 임금님이 대감에게 내린 교지도 걸려 있다. 사모관대 벼슬 꽃이 주렁주렁, 턱수염이 긴 엄숙한 사진은 이조판서의 신분증 같은 위상을 그대로 보여주는 선현의 영정이다.

깔끔한 궁중음식 앞에서 또다시 탄복하게 된다. 모처럼 귀국한 아들네랑 딸네랑 도란도란 사람의 냄새를 피운다. 자식 낳아 진자리 마른자리 가려 길러냈더니 이런 호사가 기다리고 있었다. 지금 이 찬란함 속에서 문득문득 남편얼굴이 겹쳐 아른댄다. 천금 같은 자식을 잉태해 준 그가, 천상에서 우릴 보며 웃을 것만 같다.

오늘 잔치현장의 증거로 사진 박기가 최고다. 맛난 음식과 웃음꽃이

찰칵찰칵 쉴 새 없이 박힌다. 훗날 사진을 보며 우리는 또 얼마나 행복할까를 상상하며 웃고 또 웃는다. 감흥이 무르익을 무렵, 아이들이 하나 둘 일어선다. 주섬주섬 무엇인가를 챙긴다. 선물꾸러미를 들고 나란히 줄을 선다. 손자들 증정식이 제일 먼저다. 미술학원에서 한 달 내내 그렸다는 할머니 초상화를 내민다. 어느 유명화가의 그림에 견주랴. 혈통사랑에 감격하고 말았다. 연이어 아들 며느리 딸 사위들이 줄지어 안긴다. 한 사람 한 사람의 체온을 전달받으며 나는 지그시 눈을 감았다. 대개 부모님 잔치에 보면 어버이노래를 부르곤 하는데, 나는 아이들 노래를 생략시켰다. 좋은 날 눈물보이고 싶지 않아서다. 그런데 자식들이 뭔가를 들고 일렬로 섰다. 저희들 마음을 새긴 감사패 증정식이 있겠습니다, 라고 한다. 까만 돌에 하얀 문양의 글씨가 새겨져 있는 화려한 작품이었다. 아들이 대표로 감사문을 읽는데 온 가족들 기어이 눈시울 적시고 말았다.

존재의 근원을 밝혀주신 우리들의 엄마께

자식을 가득 품고 살아오신 세월이
어느덧 고희에 이르렀습니다.
사람 되라 가르쳐 주신
어머니의 얼,
어머니의 말씀,

고개 숙여 감사드립니다.

순백의 계절에 태어나신

어머니의 생신을 가슴 깊이 감축 드리며

진심의 존경과 사랑을 바칩니다.

2013. 12. 24

어머니 차갑수 님께

수정. 종영. 윤대. 대종

윤성. 진섭. 대현. 제린

우일. 준호. 연준

창희. 동현. 세린 올림

가슴이 절절 끓는다. 어머니 나이를 핑계로 돌아온 자식들. 그들을 바라보는 감회가 유별나다. 나는 어머니라는 이름표 하나가 전부다. 내 인생 작품 중 최고의 가치는 자식들이다. 부지런히 사랑하고 정직하게 협동하자 라는 정신교육을 고집스럽게, 가슴에 못이 되어 박히도록 들려줬을 뿐이다. 홀로 거둔 결실이 이만하면 큰 부자다. 어느 한 녀석도 빠짐없이 사회와 인류의 일꾼으로 우뚝 섰다. 내 어찌 들뜨지 않으랴. 깊이 묻어둔 속사랑을 맘껏 풀었으니 자랑 중의 자랑이리라.

칠십 앞에서 지난 시간들은 어제 밤에 꾼 꿈결처럼, 꿈 아닌 게 없었다. 잠시 서로의 몸을 빌려와 천륜의 끈이 되어준 부모 자식이다.

여왕의 하루, 그 옥좌에서 온갖 호사와 기쁨을 누렸다. 선물과 감사패를 받았으니 나도 답례를 해야 마땅하지 않겠는가. 나는 자리에서 일어나 오늘의 풍경을 담아 어머니의 목청으로 노래를 선물로 대신해 주었다.

낳을 제 괴로움 다 잊어버렸어
기를 제 밤낮으로 애썼던 것도
진자리 마른자리 갈아 뉘이며
손발이 다 닳도록 고생한 것도
하늘 아래 그 무엇이 높다 하리야
너희들의 효성은 가히 없어라
너희들의 사랑은 끝이 없어라.
하늘 아래 그 무엇이 넓다 하리야
너희들의 효성은 가히 없어라
너희들의 사랑도 끝이 없구나.

백세 고령화 시대에서 칠십은 청년노인에 속한다. 이제는 젊어 못다 한 꿈을 실행할 단계다. 앞으로 나를 사랑하는 자신에게 좋은 사람이 되려한다. 나를 칭찬하며 자신에게 힘을 실어 나머지 생애를 활력적으로 오늘 같기를…. 객관적으로 나를 지켜보는 처신이 옳은 이치다.

5부

자유를 도둑맞은 천국 대기실

기억의 시간표

시니어 코칭 클럽 사람들

노인의 단상

노년의 꿈

할머니의 암호 3%

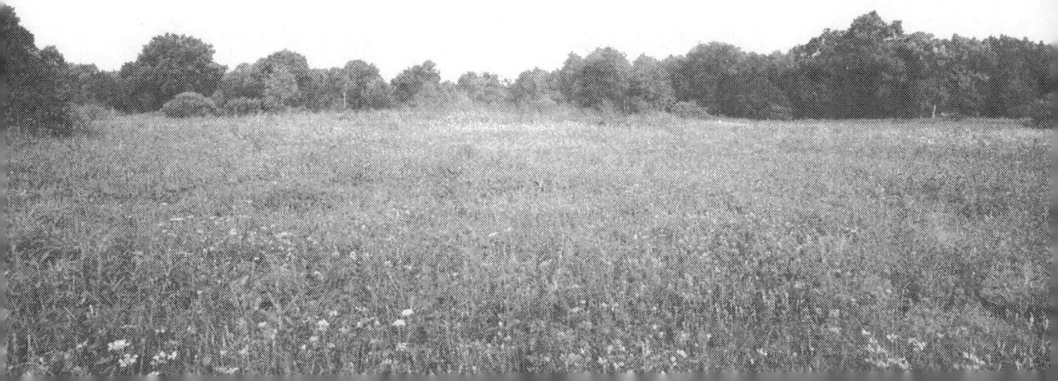

자유를 도둑맞은 천국 대기실

사방이 바다로 둘러싸인 크고 작은 땅덩어리가 섬이다. 공항의 돌하르방과 눈 맞춤하고 제주 땅에 발을 내렸다. 해풍이 온몸으로 휘감겨오는데 상쾌 지수가 절로 웃음을 부른다. 태곳적에도 그랬을까. 공기와 바람, 햇살의 유통이 제멋대로 빚어놓은 곳. 내, 외국인 두루 도시사람들의 고단함을 풀게 하고 영혼을 춤추게 하는 그 섬에 지금 서 있다.

지난 오월 장성 요양원에 불이 났다. 거동이 편치 않은 다수의 노인들께서 화마에 덮쳐 생명을 잃었다. 치매나 뇌졸중 고관절 등으로 타인의 도움을 받던 분들이다. 스스로의 움직임이 자유롭지 못한 환자를 모신 곳이다.

치매 초기진단을 받은 친척언니가 자의 반 타의 반의 결정으로 입원했다. 나는 가끔 방문하여 건강상태를 확인하는 정도가 전부다. 실내 사람들은 거의 표정이 없었다. 언니를 보면 어떤 말로 위로해야할지 난감하다. 요양사의 시간표에 목숨을 기댄 사람들이 숨만 쉬는 곳. 밥도 무엇도 생각이 첨가되지 않는 곳. 알갱이 약으로 잠을 재우는 곳이 내가 본 요양원의 실태다.

언니는 보호할 직계가족이 없어 부득이 입원할 수밖에 없는 형편이다. 들어갈 땐 인지능력이나 사물의 분별력이 그리 나쁘지 않았다. 조용한 성품의 언니는, 단지 그놈의 치매라는 언어의 덫에 걸려 갈팡질팡 이리저리 휘둘리다, 나를 붙들고 흐느껴 울곤 했다. 뾰족한 치료공식을 찾지 못한 채 결과에 순응하리라 마음을 굳혔다. 요양사의 살핌을 받으면 증세가 호전될 것이라는 소망 하나에 몸을 맡겼다.

서너 달 됐을 무렵, 언니 생각에 뒤척이다 면회를 신청했다. 오랜만에 다시 본 언니건강은 전혀 좋아지지 않았다. 눈동자가 흐리고 고개를 이기지 못했다. 시름시름 잠에 취한 듯이 자꾸 옆으로 쓰러진다. 요양사 왈, 아침까지 괜찮았다며 상투적인 말을 던지고 휙 나간다.

언니를 보는 내내 속이 터질 것 같고 한숨만 나왔다. 울화가 치밀었다. 답답함을 어디에 대고 토할 수도 없었다. 눈을 떴다 감았다 가물가물한 실눈으로 나를 보더니 여린 웃음을 그리다 이내 그 웃음마저 사그라지고 만다.

섬이란 게 어디 바다에만 박혀있어야 섬이겠는가.

지구촌에는 자연발생적인 섬과 인위적으로 만들어낸 섬이 공존해 있었다.

고령화, 독거노인 시대가 불쑥 사회문제로 닥쳤다. 치매증세가 꼭 남의 일이라는 확증도 보장도 없지 않은가. 칠팔 십 대 노인들 대다수는 전쟁을 겪은 분들이다. 육이오와 굴욕의 일정치하를 견뎌낸 분들이다. 빨갱이 구둣발에 짓밟히고 잔인한 총칼 앞에서 공포를 이겨낸 분들이다. 언니남편은 육이오 때 행방불명되었다. 유복자를 출산하여 남편 보듯이 잘 살다 아이마저 제명을 다 못 누리고 하늘로 가버렸다. 내가 본 언니는 충격이었다.

우리 민족은 예로부터 미풍양속을 지켜온 배달의 민족이다. 첨단과학이 광속으로 변한다 해도, 변해서는 안 될 도덕 중 효의 도리가 으뜸의 전통문화로 엄연하다. 내가 했듯이 내 어머니가 그래왔고 그 윗대의 어머니가, 또 그 윗대의 어머니의 어머님들이 그래왔듯이, 위로는 어른을 공경하고 아래로는 자식을 거느려 사회 일꾼으로 세워 놓은 분들이다. 근래의 젊은이 문화가 효도라는 소명을 혼돈 하고 있는 건 아닌지 요양원에 와본 지금, 나조차 의심이 든다. 부모자식은 선한 인연으로 맺은 가족의 고리다. 요양원이라는 벽 안에서 행여 자신의 부모가 숨소리조차 죽이고 있지 않을까 알아볼 일이다. 뇌의 고장은 아이로 돌아가는 과정이다. 핏덩이를 낳아 거두었듯이, 아이 같은 눈빛으로 어루만지면 안 될까. 행여 효라는 이름표를 걸고 요양원침대가 잘못 사용되는 교활한 섬은 아닐는지. 스마트폰과 감성이 나란히 변화되어 가는 무상한 세상에 우리가 살고 있다. 주위에서 보는 느낌인데, 성공이란 고품격을 내세워 부모의 기력으로 닿을 수 없는, 먼 데로 나앉은 사람이 혹여 자신은 아닐까 한번쯤 돌아볼 일이다. 노인이 무엇을 잘못하여 가족순위에서 밀려나는 이유가 되었을까. 뇌세포의 퇴화가 자연현상이듯이 너그럽게 순환되면 안 될까. 오늘 비로소 무덤 직전의 인생리허설을 관람한 기분이 든다. 천국의 대기실이라 하면 맞지 싶다. 가족수첩 속에서 서둘러 삭제당한 암울한 그 현장을 보았다. 이제 언니는 탈출할 수 없는 지경이다. 불효가 문화처럼 번져도 세태의 흐름이 그렇다며, 부모를 사회의 책임으로 떠밀고 있다. 너무 짓궂은 현상을 탓해 어쩌겠는가. 목숨은 원래 부모에 의해 자연히 생겨난 거다. 부모수명이 다해 마감하는 날까지 피붙이 인연을 소중히 여기면 될 일일 진데… 사는 동안에 일어나는 모든 조건을 부모자식 따르면 되는 일이다. 죽고 사는 일도 서로 나누어 플러스 발상을 일으켜야 옳은 처신이다. 보릿고개를 절구질로 짓찧어 희생으로 연명해준 분들이 요양원에 방치되고 있단 생각은, 내가 잘못 본 것일까. 거기는 심장이 영혼이 가장 크게 몸살을 앓는 네모난 섬이었다. 섬도 섬 나름일 테지만 생명의 불씨가 꺼져가는 풀죽은 언니처럼 사방이 시멘트로 막힌 섬이 분명 거기에 있었다.

요양원이 예사롭게 비치지 않는 건 나이 때문일까. 언니처럼 보호자가 없더라도 사람의 웃음이 번지는 놀이터 같은 사회를, 나는 꿈꾼다. 노인과 아이들이, 부모자식이 이웃과 나그네가 두런두런 쉼터처럼 안식하는, 평화와 미소가 술렁이는 제주도 같은 섬을 말이다. 햇살이 어깨와 무릎에 앉아 따스한 느낌이 닿는 곳. 평생 껴안은 긴장보따리 매듭을 풀어서 내버릴 그런 섬에서 생애의 마지막을 노래하고 싶다.

언니의 눈을 뚫어지게 보노라면 간혹 화들짝 온 정신이 들 때가 있을 것만 같다. 그런 순간만이라도 웃을 권리를 놓치는 절통함이, 가슴을 시리게 한다. 뉘라서 노인의 길을 피해갈 수 있단 말인가. 이다음 면회 땐 언니의 손을 잡고 기억 속의 이 동생을 다시 불러 와달라고 해볼 참이다. 눈의 초점이라도 맞춰볼 수 있기를 기다리는 중이다. 자유라는 말조차 잃어버린 언니에게 섬 밖의 자유를 보여주고 싶다 하면 언니랑 웃던 사춘기 그때가 되살아날까. 그 희망이….

저 멀리 바다 위에 도장처럼 찍혀 있어야만 어디 섬이겠는가.

기억의 시간표

오래 전에 요양보호사 자격증을 획득해 놓은 상태다. 기회가 닿으면 老老케어를 해보리라 맘먹었는데, 노인복지관 사회복지사로부터 요청이 왔다. 치매 센터 어르신 돌보미를 해 보라는 권유를 받았다. 수첩 속의 버킷리스트 중 하나의 항목을 지울 수 있는 날이 온 것 같아 흔쾌히 수락했다. 기억을 잃은 환우에게 말동무 해주려고 집을 나서는데 마음이 조금, 설렌다.

주간보호센터는 아침부터 오후 네 시까지 가족을 대신해 치매어른을 보호하는 요양기관이다. 나는 이곳에 이야기책을 들고 간다. 문을 열면 노란 조끼를 입은 어른들 눈길이 일제히 쏠린다.

오늘 책은 '방귀시합'이다. 책을 펴기 전 잠깐 동안 어르신들과 눈을 먼저 맞춘다.

"오늘은 방귀시합 이야긴데요…." 운을 띄우는데 어디선가 벌써부터 까르르 웃음보를 터뜨린다. 다들 따라서 웃는다. 맑은 웃음소리는 나도 따라 웃게 한다. 마치 어르신들에게 환영의 선물을 받은 기분마저 든다.

산마을과 강마을 방귀대장의 방귀바람 힘겨루기가 내용의 전부다. 글의 흐름을 알아차릴 땐 신바람이 난다. 눈을 맞추며 어르신의 말씀도 듣는다. 동문서답일지라도 이야기에 집중해주고 자신의 생각을 표현하게 해 드린다. 어떤 말씀을 하시든 의미가 커서 칭찬을 아끼지 않는다. 만날수록 관심을 자극시킨다. 그러고 보니 나도 노인인지라 우린 서로 동무처럼 시간을 노닥노닥 즐긴다.

뇌는 정신을 만드는 곳인데 치매는 기억과 감정의 통로, 그 흐름이 원활하지 못한 상태이다. 어떤 활동을 하게 해야 좌측 뇌가 깨어 선명한 생각에 닿을까, 우뇌 쪽 소통의 해법을 찾으려면 어떻게 해야 할까. 하나의 가능성을 품고 걱정 반 희망 반으로 일단 나는 '기억의 시간표'를 짰다. 증명하기 쉽지 않은 수수께끼 풀이를 자청하여 만든 셈이다.

노인은 노인이 가장 잘 안다. 이미 떠난 기억을 다시 한 번 불러보자는 게 나의 심지다. 그 점이 老老케어 진행의 목적이다. 센터관리자에게 나의 계획을 전했더니 고개를 갸우뚱하며 괜한 힘 빼지 말란다. 부질없다며 손사래를 친다. 뜻을 세웠는데 멍석도 안 펴고 접을 수는 없었다.

하루 이틀 한 달 석 달…. 함께 노래하고 손뼉치고 마음 나눈 지 벌써

여섯 달째다. 우리는 이야기 따라 울고 웃으며 서로에게 점점 익혀 가고 있었다. 가족도 친구도 아니던 내가 어른들께서 나를 기다리는 사이가 되어 갔다.

누군가 그랬다. 사람은 지금 앉은 방석이 꽃방석이고 진리의 자리라고. 우린 만날 때 마다 둘러앉았다. 누가 무엇으로 내가 정한 '기억의 시간표' 이 모험에 물꼬를 트게 될지, 어느 어른이 기억을 먼저 데려와 줄지 나날이 궁금증이 꼬리를 물었다.

어느 날이다. 책 읽기를 시작하려는데 먼저 남자어른이 손을 번쩍 들었다. '소리'를 하시겠다고 한다. 크게 반기며 손뼉을 치고 응원을 했다. 머뭇거림이 없는 그의 목소리가 잔잔히 센터에 울려 퍼진다. 전통 상여소리를 구성진 가락으로 처음부터 끝까지 완창을 하셨다. 어느 대목에서인가 나는 그만 울컥 목이 메었다. 그렁그렁 눈물이 고인다. 구슬픈 소리가 주위사람을 놀라게 했다. 그는 자신의 소리에 흠뻑 빠져 있었다. 이 분이 진짜 치매 맞을까. 그는 자신의 몸과 정신이 인생의 어느 지점 가까이 가는 중임을 이미 알고 있는 것일까. '상여소리'를 마치고 난 뒤 소감을 물었다. 남자어른 왈, 첫 마디가 대뜸,

"선생님, 속이 후련해요. 노래해보긴 처음이에요." 하신다.

이런 말을 시켜준 사람이 없었다며 나를 빤히 본다. 그는 정말 자신의 과거와 화해하고 먼 길 떠날 차비를 한 것일까. 속이 후련하시다는 그 말씀에 나도 기뻤다.

두 번째 어른은 자태가 참 고운 여자어른이다. 느닷없이 내 손을 잡

더니 말씀인즉 자식에게 사랑을 많이 받고 싶다며 금방 울먹인다. 가냘프고 쇠약한 몸이 정에 굶주렸음이 역력해보였다. 눈물방울이 그녀의 볼 위를 구른다. 그 어른 가슴에 내내 자식이 응어리로 뭉쳐있었다. 목을 늘여 자식을 기다려본 어머니만의 간절함이 아닐까. 고장난 정신도 자식 향한 짝사랑 그놈은 차마 놓아지지 않았나보다. 피붙이에 대한 그리움이 죄가 아닐진대 눈물을 쓰윽 문지르며 그녀의 가슴앓이를 보듬었다.

세 번째다. 보호센터에서 까칠하기로 일등 가는 분을 지목했다. 외모가 훤칠하고 눈망울이 매우 인상적인 어른이다. 항상 홀로 있기를 좋아한다. 그녀의 눈에는 비밀스런 뭔가 숨어있는 이 비쳤다. 때때로 턱을 올려 소리소리 지르곤 한다. 의문의 실마리가 찾아질까. 다른 어르신 행동에 참견을 하여 감당하기가 수월치 않다. 오랜 관찰 끝에 그녀는 노래를 좋아한다는 걸 알게 되었다. 비로소 굳게 잠긴 자물쇠에 맞는 열쇠를 찾은 것 같은 예감이 스쳤다.

나는 슬쩍 '봄처녀'를 선창하여 불러봤다. 그런데 갑자기 그녀가 자리에서 일어나 우뚝 서는 것이 아닌가. 그녀는 나를 따라 봄처녀를 부르기 시작했고 가사도 멜로디도 모두 완전했다. 우아하고 기품 있는 동작까지 반하게 했다. 주간센터는 감격의 도가니였다. 어느 순간엔가 내 노랫소리는 이미 멈췄는데 그녀 홀로 여전히 노래를 부르는 것이 아닌가. 그녀의 광경을 지켜보기만하던 센터장님, 요양사들 가슴을 먹먹하게 했다.

그녀가 잃어버렸던, 아니 기억 속에서 사라졌던 이름표는 '성악가'였던 것이다. 휘황한 불빛 아래서 오케스트라와 지휘봉을 움직이게 하던 예술인, 관중의 갈채를 먹고 살던 무대의 주인공. 그녀의 소중한 기억에 불쏘시개가 지펴졌을까. 나라는 돌보미를 만나서 잠시 시계의 태엽을 거꾸로 돌려 준 그녀의 기억에 참으로 감사했다. 온전한 성악가로서 보여준 그녀의 아름다운 행위가 그리 고마울 수 없었다. 그녀의 악기 같은 목청을 그대로 꽉 붙들어 매놓고 싶었다.

그날 그 이후부터 그녀가 온순해지기 시작했다. 어느새 내 곁에 붙어 앉는 버릇이 생겼다. 이렇듯 세월의 바람이 훑고 지나간 어르신들 속내를 후비고 들쑤셨다. 멈춰버린 시계 초침이 다시 째깍째깍 도는 안도의 느낌이랄까. 치매속도를 늦추는 공식을 찾은 셈이다. 막힌 경혈에 침을 놓아 흐름을 만들 듯이 가장 애지중지하던 코드의 발견이 주효했다. 어르신들 기억 저편의 풍경을 하나 둘 데려온 보람이 컸다.

아직 갈 길이 멀긴 해도 늦진 않았다. 함께 하면 늦출 수 있다는, 뭔가 되겠다는 소신이 생겼다. 나는 성심을 다해 돕고 싶어졌다. 그들의 기억 속 어느 모퉁이라도 돌다보면 만날 것만 같은 행복하던 한 때를 찾아내어 웃게 하고 싶다. 조금씩 천천히 해도 괜찮을 일이다. 내가 선택한 케어가 점점 재미있다. 그 어른들과 마주하며 꼭 하고 싶었던 老老케어를 실천하게 되어 자신의 가치를 스스로 평가한다.

내일도 센터에는 소통의 햇살이 비추일 것을 믿는다. 잃어버린 모습과 재회해본 잠시 잠깐의 출현이, 어르신께는 더할 나위 없는 보약 같은 기억이 되길 빌었다.

보호받는 입장의 어르신이나 보호하고자 하는 나나, 둘 다 인연이 되어 놀고 있다.

사람의 삶이란 누구나 불확실한 것뿐이다. 오늘 살다 내일 모르는 게 노인의 건강문제다. 불안한 대로 아직 몸도 정신도 온전할 때 일을 통하여 인생의 보람을 저축해 놓고 싶다. 사람들은 행복을 위해 산다지만 정작 행복, 그게 뭔지 잘 모를 때가 더 많다. 다만 지금 내가 하는 일이 불편한 어른들께 도움 된다면 그 또한 행복으로 여기고 싶다. 나날이 긴장을 놓을 수 없는 것이 노인의 삶이다. 이제 자식들 모두 독립했고 삶이 가벼워지니 마음의 눈이 밝아져서 좋다. 이 일을 통해 어르신들과 소통하며 젊은 시절에 미처 챙기지 못하고 지나쳐버린, 묵은 생애에서 치르지 못한 계산서에 결재도장을 찍는 기분이다.

사는 동안 삶은 모두에게 현재 진행형이다. 인생이란 여정 속에서 어르신도 나도 만남과 이별이 되풀이 될 것이다. 백세가 흔한 시대에 어떤 일상을 닦아야 평화로운 얼굴이 될까. 일이나 봉사에 나이와 때를 기다릴 필요는 없다. 아직 누구와 협력할 수 있으면 그 속에서 자신의 발전이 따라올 것이다, 그 발전이 노년의 성장이지 싶은 생각으로 일한다. 칠십 대가 잘 늙는 비결을 꼽으라한다면 아직 쓸모 있는 곳에 자신의 일손을 보태는 일이다. 건강한 쪽이 돕는 건 당연한 이치다. 말벗의 가치를 드높여 함께 어울리는 세상이면 좋지 않겠는가.

칠십 대, 아직도 한 뼘씩 성장할 수 있다는 놀라운 비밀은, 늙어보지 못하였으면 모르리라. 내 노후에 품은 뜻에는 만나는 사람마다 좋은 친구로 승화시키자는 욕심이 숨겨져 있다. 그 보람이 서로를 빛나게 해줄 것만 같다.

지는 해를 바라보는 우리는 서로 함께 토닥이며 마음을 나누는 노인이다.

시니어 코칭 클럽 사람들

불혹과 지천명, 시니어가 모여 코칭 공부를 시작했다. 자신의 삶과 지역사회에 어떤 역할을 할 것인가에 대하여 고민했다. 종강 후 각자의 재능을 봉사하기로 했다.

열정이 매우 뜨겁다. 봉사의 질적 향상을 위해 갑론을박 토론이 분분했다. 원활한 활동운영을 위해 적극적으로 임했다. 협동심을 발휘하여 우수 단체로 우뚝 서고자 했다. 일사천리로 척척 진행되고 있다. 나는 청소년 강사 팀에 합류했다. 첫 단추를 교육봉사로 출발했다. 독거노인, 소년소녀 가장 돕기, 말기환자들 봉사가 실천됐다.

지역아동센터에서 함께 읽을 책을 선별하고 독서지도를 하며 많은 생각을 했다.

게임이나 문자 같은 기계에 중독되어 가는 아이들에게 책을 읽게 하는 일이 수월치 않았다. 다독이고 토론하며 생각을 나누었다. 스스로 책을 읽고 표현하도록 이끌어 내는 게 봉사의 목적이다. 하루하루 태도가 확연히 달라져 갔다. 아이들이 공손해지고 학습 분위기에 적응하는 게 엿보였다. 동화책을 읽고 토론하고 또 독후감을 써보는 과정이 매우 진지해졌다. 토론 형식의 학습 분위기를 유도해 봤는데 순응하는 자세를 보이며 흥미진진 재미가 붙었다. 아이들이 반듯해지고 향상될 것만 같았다. 공부를 마친 후, 자신의 주장을 기탄없이 드러내곤 했다. 좋은 현상이었다. 아이들에게 느낌을 물었더니, '기분이 맑아졌어요, 즐겁게 했어요, 처음엔 답답했는데 상쾌해요'라고 대답한다. 드디어 꿈나무들에게서 희망을 보게 되었다.

처음엔 피하더니 점점 다가오고 있다는 사실만으로도 코칭의 성과는 컸다. 올바른 지도를 통해 자신의 이야기를 쓸 수 있도록 유도해 나갔다. 그런데 참 놀라웠다. 또박또박, 한 줄 한 줄, 자신의 마음을 지면으로 옮기며, 미래 자신의 모습까지 표현해 내곤 했다. 꿈을 만들어 가고 있음이 뿌듯했다. 교육 훈련이 익숙해지면 성장한 후 사회생활 하는데 크게 도움이 될 것이다. 어릴 적 습관은 매우 중요하다. 자기 에세이를 쓰지 못하면 사회생활의 모든 문턱에서부터 곤란을 겪을 수 있을 테니까.

호스피스 봉사자가 과로로 입원했다. 신학기 초 교통봉사 발대 팀이 등장했다. 봉사는 나의 즐거움을 알아가는 과정 속의 시간표일 뿐이다. 봉사를 위해 다각도로 연구하며 자신의 공부에도 게으르면 안 되는 단체다. 내 안의 재능만으로 부족하여 새 공부를 도입하며 철저히 봉사에 주목하고 있다.

지역사회나 집안일, 자식문제, 혹은 타인의 문제까지 두루 대상을 정해, 서로 질문하고 피드백하며 삶의 의미를 토론하고 사색했다. 아이템의 산실처럼 창의적 의견이 분분했다. 들어보면 고무적이고 실행 또한 진취적이었다. 공공도서관이 휴관하는 법정 공휴일에도, 시민들이 불편 없이 공부할 수 있도록 시설을 개방하도록 소신을 피력해, 드디어 성과를 거두었다. 시민들의 학습의욕을 고취시키고 평생학습도시의 위상을 높이는 계기를 마련했다. 클럽 멤버로서 자랑스럽지 않을 수 없었다.

산길 코칭은 조금 들떴다. 현직 종사자와 은퇴자들이 함께 어울려 '잘 늙자'라는 화두를 안고 열어가는 인생마당이었다. 山 예찬론은 들을수록 산의 매력에 빠져들게 하는 힘이 실린다. 두렵고 먼 산 이야기는, 듣는 내내 상상만으로도, 내가 마치 정상에 오른 느낌이 그려진다.

산길 코칭을 통해 호젓하고 인적이 드문 샛길 하나를 개척했다. 혼자는 도저히 갈 수 없는 길이다. 로프를 타는 스릴도 맛봤다. 송엽과 흙이 뒤섞인 오솔길도 만났다. 낯선 길에서 마냥 행복했다. 세 시간쯤 걸었을까, 냉이와 쑥이 지천으로 널린 봄 언덕배기, 마치 신천지 같은 땅에 발을 붙였다. 호사를 누린 날로 기억될 것이다. 자연과 동화되는 산새에 당도했다. 숲과 바람, 구름에게 이맘을 전하며 새들이 벗되어 줄 것 같은 곳, 세상 것 내려놓고 목숨에 연연치 말게 하는 곳, 바쁘던 날들의 교통을 정리하며 평안히 숨을 쉬게 할 것만 같은 곳을 오늘 발견했다.

자신의 몸을 틀고 사는 지역은 고향이나 진배없다. 최첨단과학과 문화와 전원이 충족되는 작은 도시다. 온갖 자연이 일상과 접목되어 있는 곳에서 살고 있다.

자고새면 언제나 오늘이라는 새 선물을 덥석 받는다. 누구에게나 허용된 그 하루를, 어떤 이는 소모하며 숨을 쉬고 또 어떤 이는 생동감으로 창출하며 숨을 쉰다. 두 의미의 차이와 결과물은 크게 다르다. 적어도 시니어클럽 사람들은 하루를 통해 새로움을 창출하는 그 부류의 사람들이다.

봄날의 걷기 수다가 있던 날이다. 공원 분수대를 지나 양재천에 들어섰다. 거기에는 서사시 같은 자연들이 눈앞에서 춤을 춘다. 청둥오리 한 쌍이 금방 허공으로 날갯짓 하며 비상한다. 그들의 몸짓이 황홀한 수묵화였다. 발을 멈췄다. 저 쪽 마른 풀숲에 홀로 앉은 재두루미의 자태는 또 어떠했던가. 하도 그윽하여 가난한 표현이 부끄럽다. 한참을 그냥 바라봤다. 물이 많이 불어났다. 오리 떼가 한가로이 노닐고 있고, 저기 숲속에선 새들의 이야기가 시끌시끌하다. 창공이 한눈에 잡힌다. 구름이 산 너머로 가고 있다. 보고 싶은 얼굴이 허공에 그려진다. 그리움으로 목을 메이게 한다. 봄의 교향악이 울려 퍼질 것만 봄의 왈츠다. 우리가 무엇에서, 어디에서, 이런 찰나의 애틋함을 사겠는가. 삶에는 가격이 없다지만, 자신의 값은 자신이 만드는 것, 시니어 코칭 사람들 덕분에 삶의 의미와 가치와 행복이 결정됨을 느끼곤 한다.

'잘 늙자'를 생각할수록 '잘 늙는 일'이 수월치 않다. 현실에서 어떤 방법을 찾아 접근하며 실천하는 가에 따라 삶의 질은 확연히 달라진다. 지나온 경륜을 밑천삼아 일상의 자락을 적절이 조이고 기름 치며 긴장하자는 게 내가 살아가는 공식이다.

노년은 크게 목표를 세우지 말자. 조금 단순하게 풀어가며 고요하기를 소망한다.

시니어 코칭 사람들은 언제나 나를 반하게 했다. 무한경쟁 시대를 사는 청소년들, 자기중심 사고와 배타심이 강하게 작용하는 청소년들에게, 나는 어떤 테마로 독서코칭에 봉사를 할 것인가? 그들과 더불어 내 자신이 성장하고 있음이 가슴에 와 닿는다. 가슴으로 봉사의 근육을 키우는 중이다. 봉사코칭의 핵심은 동기와 자발성에 있다. 끊임없이 질문하고 미래를 스스로 선택하게 해야 한다. 사람은 뭔가를 깨달으면, 뇌가 변하는 순간에 천재가 된다고 했다. 나는 봉사의 작용에 의해 가슴이 울렁대며, 지역아동과 만나는 독서봉사는 어쩌면 나와의 궁합이지 않을까.

'멈춰 있는 젊은이보다 성장하는 노인이 낫다'

노년은 뭐든 다 이룰 수 있다. 하나씩 챙겨가도록 노력 중이다. 내 안의 사색과 인생의 무늬를 근사하게 펼치며 살고 싶다. 봉사는 기운을 돋우는 일이었다. 이 일을 통해 에너지 같은 생각이 끊임없이 생산되고 있다는 뜻이다.

햇살 한 자락도 놓아버리지 않는 시니어 코칭 클럽사람들, 사랑할 수밖에 없는 이유다.

노인의
단상

시청 사회복지 공무원으로부터 전화가 왔다.

'어르신 생활에 불편함은 없으십니까?'

'예, 건강합니다.'

수화기를 놓고 잠시 허탈했다.

적막과 살다보니 누구라고 꼬집지 못하는 화가 오를 적이 있다. 호흡을 가다듬고 '이러면 안 되지, 또 나만 힘들잖아.' 누가 주지도 않은 상처에 휩싸여 밤잠을 설친다. 대상 없이 화를 끓이는 일은 지혜롭지 못하다.

신부님이 그랬다. 적당한 화는 가지고 살라고. 화는 필요한 감정이라고.

고개를 끄덕였다. 부모 자식은 인연의 관계로 얽혀 살다 죽게 마련이다. 천장의 형광등이 까맣게 타버려 벌써 여러 날 거실이 침침하다. 나한테는 매우 큰일이다. 오다가다 어느 자식이 들르게 되면 해 주겠지. 젊은 날 같으면 의자 놓고 기어이 내 손으로 갈아 끼웠을 테지만 이제는 그럴 수가 없다. 넘어지면 골절이 오는 깁스환자 될까 두렵다. 일이 커지면 짐 될게 뻔하다.

지난겨울 독감으로 한 달 남짓 앓았다. 기침가래에 시달려 꼬박 몇 밤을 설쳤다. 설움이 복받쳤다. 한밤중에 집안을 홀로 서성거렸다. 왜 눈물은 자꾸만 볼을 타고 흐르던지….

자식들 키울 때야 어머니이름표가 신처럼 화려했었다. 자식바보 그 짝사랑을 좀 멈추자. 씩씩하게 밥을 먹자. 죽은 듯이 잠들자. 냉장고를 열고 김치를 꺼내자. 그냥 한술, 꾸역꾸역 입에 넣다 재채기가 나오고 말았다.

사람은 결국 혼자 남게 된다. 이집 저집 기웃거리지 말자. 일상을 곱게 물들이자. 생존의 법칙을 새로 읽히자. 고독 속에서 노인의 여정을 즐기는 법을 공부하자. 아직은 쓸모 있으니 힘을 내자. 인생은 풀어야 할 숙제가 아니다. 풀어내야 할 문제다. 자발적으로 살아내는 기술을 터득해가자.

늙은이로 살아가는 데는 새로움이 따라야 한다. 꿈이 필요하다. 변화를 모색하자. 시간의 가치를 고민하자. 노인이 사는 일은 공포를 체험하며 노후를 얻는 일이다. 노인이 할 수 없는 일은 없다. 급이 다른 노인으로 걸어가자. 세상에는 공짜가 없다. 노인이여, 당신은 분명 인생의 주인공이시다.

노인의 여정은 바람에 실려 오는 풀냄새다. 지는 해를 바라보는 한숨이다. 볼을 타는 눈물방울이… 이제 세상 구경 다 했노라.

막내사위가 고향에 계신 제어머니 생각이 났나보다. 비가 부슬부슬 내리는데 전화벨이 울린다. 누굴까? 사위 목소리다. '장모님, 막걸리 한 잔 하실까요?' 딸네 집 문틈 밖으로 냄새가 새나온다. 석쇠 위에서 고기가 뒤적뒤적 익고 있다. 누룻누룻 잘도 익었다. 상추에 된장에 마늘하나 올리는 사위의 손. 상추보자기에 고기 한 점 돌돌 말린다. 장모님, 맛있게 드세요, 눈이 마주친다. 사위 사랑스럽다.

날마다 하는 일 별것 없다. 하루 밥 세끼 배불리 먹는다. 세평 방에 누워 잠을 청한다. 예전에 어미 노릇했노라 큰소리치던 일이 부끄럽다. 돌아보면 뭐 하나 바로 된 것이 없는 것만 같다. 혼자여서 지랄 같다. 술이 고픈 날이다. 김치와 막걸리 한잔을 따랐다. 어스름 저녁, 찬바람 도는 황혼이여. 막걸리 한 사발에 취하는 그리움이여. 오직 나를 벗할 뿐이야….

새해는 또 왔는데 도무지 재미가 없어. 세월이 너무 빨라. 일분을 따지면 그렇게도 지루한 시간들인데, 한 해는 왜 이리 빠르지. 어제까지 어울리던 옷이 왜 갑자기 오늘은 어색하지. 일 년 치 달력을 벽에 걸어 놓고는, 뭣인가 할 수 있을 긴 해리라, 기뻐하던 것이 바로 어제 같은데, 지난해에 한 일이 무엇일까. 도무지 재미가 없어. 사람의 외모와

치장이 사람의 눈을 속이는 건가. 늙은이의 변명 아니겠는가.

꽃은 소리 없이 피고 새는 소리 없이 울고 사랑은 연기 없이 탄다.

내 어머니 자궁 속을 나와 이 한 세상 돌고 돌아봤더니….

죽음이 기다리고 있었네.

조마조마하며 달력이 넘어가는 한 해다. 또 새해가 왔다. 똑 같은 날 똑 같은 하루인데 해를 넘기는 종이 울린다. 새해 아침이라고 야단법석들이다.

친구의 부고가 왔다. 아이쿠, 이 친구 갔네,

인생은, 일어날 일이라면 그게 인생이다. 모든 일에 시작이 있고 모든 일에 마지막이 있듯이, 행운에도 불운에도 다 이유가 있듯이, 변하든 안 변하든 무슨 상관이랴. 살아 있는 동안 살아가는 법을 줄곧 배우자.

가족이 천 년을 함께 살아도 단 한번은 이별을 해야 한다.

칠십이 되어보니 나의 어머니가 그리워서 내 엄마가 생각나서 웃다 울었다. 기린 목 되어 고개를 치켜들고 기다리게 하는 아들이 궁금해 웃다 울었다. 단정하고 정숙하고 나무랄 데 없는 큰딸이 너무나 완벽하여서 웃다 울었다. 학교 일보다 엄마를 돕는 일이 우선순위라는 둘째가 기특해서 웃다 울었다. 제 식구 밥상에 엄마수저 챙기는 막내딸 지극한 정성에 효성에 웃다 울었다.

나는 웃다가 운다. 울 줄 알고 웃을 줄 알아서 진짜 성공한 사람이다.

노년의 꿈

노인이여, 당신이 살아온 일생 중 지금이 가장 넉넉한 시간이란 생각을 해 보셨습니까.

노인일수록 소소한 상념을 키워가야 합니다. 그래야 나날이 지루하지 않습니다. 누가 당신께 관심을 주기보다는 자발적으로 관심을 유발시켜야합니다. 당신이 젊어 한때 부모님 섬기던 때를 돌아보면 그 속에 현재의 부모 자식의 인생해답이 숨어 있습니다.

과거의 미련 같은 건 빨리 털어야 합니다. 그리고 뭔가 시작을 꿈꾸어야 합니다.

당신의 시간은 지금이 가장 풍성합니다. 바로 당신이 '시간의 재벌' 이란 뜻입니다.

노년의 꿈이란 누구나 '노후 행복의 기준'이 잣대일 것입니다

하면 '행복의 기준'이 무엇일까를 생각하지 않을 수 없습니다.

노년이든 청년이든 행복을 꿈꾸는 관점은 별반 다르지 않습니다.

고령화 시대로 돌입하면서부터 사회적으로 부쩍 노년에 대한 관심이 커졌습니다.

저도 '행복기준'을 이번 기회에 생각해 보기로 했습니다.

재물을 많이 가졌다 하여 반드시 행복하다 할 수 없고

물질은 적으나 정신의 풍요가 오히려 행복지수를 높여주는 걸 알 수 있었습니다.

노년이 적당한 돈과 적당한 일, 둘 다 가지기란 쉽지 않습니다.

먼저 돈으로 여생을 풀어가려 하면 걱정이 많아집니다. 욕심이 서게 됩니다.

그러나 시간 즐기는 프로그램을 만들면 편안해집니다.

노년에 돈과 시간, 둘 다 가지면 금상첨화입니다만 모두 소유하기란 어렵습니다.

노인일수록 일상이 평정해야 얼굴이 평화로워집니다.

노인이라 하여 자식에게 기대어 살고자 하면 초라해집니다.

내가 자식을 어떻게 키웠는데 라는 생각은 버리십시오.

나를 위해 무얼 하며 행복할까 라는 탄력성 있는 인생설계가 오히려 필요합니다.

요즘 자식들 부모의 훌륭한 경험과 세월의 깊은 인생경로를 이해하려 하지 않습니다.

나이 들면 이런 대목이 부모 자식 간의 화를 끓이는 원인이 됩니다.

그러나 가족 간에도 적당량의 화는 이롭고 필요한 감정입니다.

사람은 결국 부모든 가족이든 동료든 친구든 관계에 얽혀 살다 죽게 됩니다.

사람의 관계가 적당히 유지되면 그보다 더 좋을 수는 없겠습니다만.

자기를 이해하고 존중하듯이 너도, 당신도 그럴 수 있겠구나 라고 긍정해야 합니다.

나 아닌 타인의 감정을 이해하고 존중해보면 인격이 살아납니다.

화는 잠을 내쫓는 불이익 딱지입니다.

화는 생체의 리듬에 혼란을 줍니다. 망각이 치료제입니다.

생각을 뚝 멈추십시오. 생각을 멈추는 연습을 하십시오. 멈추어보면 평화가 옵니다.

망각으로 마음을 돌려 삶의 어떤 기폭제로 삼아야 합니다.

그러기 위해 일이든 운동이든 즐거울 수 있는 목표를 세워가야 합니다.

할 수 있어 라는 생각만 해도 좋은 반응을 나타냅니다.

노년일수록 반드시 꿈, 희망이 필요한 때입니다.

자식을 독립시켰듯이 자신도 독립할 준비를 서둘러야 합니다.

더 늙어 요양원에 가기 싫거든 자신의 공식을 만들어야 합니다.

지금까지 건강하게 살아왔듯이 여생도 건강한 기술을 동원해 가야 합니다.

요즘 복지정책이 좋아지고 있음을 실감합니다.

노인에게 일자리를 맡겨 사회 참여의식을 고취시켜 줍니다.

봉사나 일의 가치는 행복지수를 드높여줍니다.

노인이나 젊은이나 돈과 무관하게 사는 사람은 아무도 없습니다.

일은 자급자족의 기회가 되어 용돈벌이가 된다는 뜻입니다.

내가 벌어 내가 쓰는 돈의 가치는 당당하게 해 줍니다.

미래에 대한 꿈을 꾸는 발상 자체가 이미 용기를 냈다는 증거입니다.

보건복지부에서 배당한 노인일자리 급여가 한 달 36시간 근무, 이십 만원입니다.

이십 만원의 가치를 계산해보면

부부와 자녀 둘을 둔 사십 대 가장의 월급에 비유해보자구요.

아마 이백만원의 가치가 될 수도 있습니다.

왜냐면 이백 만원으로 네 식구 가계비, 교육비 지출 등등 생활하기로는 모자랍니다.

그러나 노인의 이십 만원은 씀씀이에 따라 천차만별이겠지만 넉넉할 수도 있습니다.

복지정책에 저는 감동받았고 감사의 박수를 보냅니다.

현재의 복지 혜택을 못 누리고 사망한 분들을 생각해보십시오.

기초노령연금 받죠, 점심 주죠, 일자리 주죠, 운동시설 있죠, 공부가 공짜죠.

지덕체를 고루 겸할 수 있는 프로그램이 즐비합니다.

본인의 뜻대로 활용만 하면 무료입니다.

지하철 무임승차는 세계에서 우리나라밖에 없습니다.

덕분에 웬만한 거리의 여행이 훨훨 자유롭지 않습니까.

본인의 의지에 따라 지덕체를 갖추는 근사한 시니어로 발전할 수 있습니다.

노령연금에 공짜 혜택에 쌈지 돈 새나갈 게 별반 크지 않다는 이야기죠.

하여 이십 만원의 가치가 이백 만원과 맞먹는다는 계산을 해봤습니다.

저는 자신의 행복한 인생을 위해 노력하는 편입니다.

저의 궁극적인 꿈은 '건강 그리고 즐거움의 추구'입니다.

합창반을 선택했고 몸의 균형을 위해 헬스장을 이용합니다.

마음은 몸 따라 공존할 때 기쁨의 바이러스가 왕성해집니다.

젊은 시절에는 못 다한 꿈의 욕망을, 지금 노년의 시간에 앉아 '삶의 여백'으로 누립니다.

죽은 다음에 가는 천국보다 살아서 누리는 천국이 진정한 천국입니다.

노년들이여! 꿈을 꾸십시오.

예전에 소유했던 재물, 명예, 학력, 권력, 지위 등 과거는 내려놓으십시오.

이미 지나가버린 것과 아직 오지 아니한 훗날에서는 행복을 보장받을 수 없습니다.

행복은 바로 지금 내가 무슨 생각을 하느냐에 달렸습니다.

꿈은 현재라는 시간에서만 존재해야 합니다.

과거에 연연하면 어리석어 집니다.

무엇이 자신을 슬기롭게 할지 자신에게 질문하십시오.

노년의 해답을 어느 누군가가 마련해 줄 수 있나요?

노년이라 함은 생애가 얼마 남지 않았다는 뜻을 의미합니다.

여생을 위해 시간을 충분히 활용하십시오.

당신은 이미 고령화 새 시대의 변화에 동참했습니다.

오직 실현이 목적이어야 합니다. 그런 당신이 진정한 이 시대의 멋쟁입니다.

진부한 노인으로 살 것인가?

근사한 시니어로 살 것인가?

노년은 오직 본인의 의지와 선택에 있습니다.

꿈을 생각으로만 그치면 절대 얻지 못합니다.

실행할 때만이 성취라는 만족을 얻게 됩니다.

노인들이여! 백세 시대에 다 살았다는 생각을 내버리십시오.

무슨 거대한 포부만이 이상적인 꿈이 아닙니다.

생활 속의 작은 것들을 세상 흐름에 맞추어 바꾸어 생각하는 것이 중요합니다.

생각을 바꾸는 것이 변화입니다.

노년들이여,

하고 싶은 일이 생각나면 망설이지 마십시오.

시간은 노인인 당신을 위하여 절대 기다려 주지 않습니다.

노인의 시간은 하루하루가 황금과 같습니다.

노인도 하기에 따라서 사랑받을 수 있습니다.

일상이 지루한 사람이 있는가 하면 시간을 금쪽처럼 쪼개어 쓰는 분이 있습니다.

당신은 지루한 쪽과 금쪽 둘 중 어느 줄에 서고 싶습니까.

목표를 세우는 것이 꿈입니다.

꿈에 대하여 성공과 비 성공을 따질 필요는 없습니다.

맘먹은 목표가 있다면 일단 부딪혀야 합니다.

해보고 나야 쓰던 달던 어떤 맛이던 우러난 그 맛을 느끼게 됩니다.

쓴 맛도 단 맛도 체험해봤다는 것 자체가 기쁨입니다.

노인의 꿈은 소박하고 단순할수록 좋습니다.

자신의 그릇을 따져보고 내게 맞을 것부터 천천히 시작하십시오.

생각을 통제하기란 어렵지만 자신의 능력보다 큰 것을 바라면 그건 욕심이 됩니다.

노인으로 조화로운 삶을 사는 것도 살아가는 기술력입니다.

만약 여러분의 꿈이 잠식해 있다면 그 꿈에게 기회를 주어야 합니다.

이루고 안 이루고는 나중의 일입니다.

그래야 꿈에게 미안하지 않게 됩니다.

후회 없는 인생을 살기 위해 실천하십시오.

노력해봤다는 자족감이 중요하고 그 자체가 꿈은 이미 내 것이 된 것입니다.
몸의 나이가 늙었다 하여 정신 줄마저 놓으면 안 됩니다.
비록 몸의 나이가 세월을 먹었다 하여 꿈조차 놓아버리면 이미 죽은 목숨입니다.
노인일수록 건강해야 자식들이 건강하게 살아갑니다.
노인의 영원한 꿈은 건강입니다.
사는 그날까지 탈 없이 건강하게 살다 잠자듯이 떠나고 싶은 그것입니다.
헬스장에 간 날, 노인들의 활기찬 광경을 보고 놀라웠습니다.
저도 노력했더니 손에 악력이, 팔에 근육이 생겼습니다.
종아리가 굵어졌습니다. 다리도 어깨 높이로 올라갑니다.
뒤 구르기도 됩니다. 엄두도 못 냈던 동작들이 유연하게 나옵니다.
틈만 나면 헬스장에 갑니다.
몸이 가뿐하단 느낌이, 순간순간 즐겁습니다.
건강하면 인생의 이익이구요 정신적으로는 만족이란 재산을 얻습니다.
새해 들어 지하철 게이트에서 가끔 신분증 검사를 요구받습니다.
카드를 찍고 급히 가는데 검색원이 저를 불러 세웁니다.
'저 고객님, 잠깐만요, 하면서.'
그럴 때마다 앗, 또 걸렸네 하며 회심의 미소를 짓습니다.
신분증을 꺼내면서 힐끗 검색원을 한번 바라보게 됩니다.

신분증과 제 얼굴을 대조하며 45년생이라니 믿기지 않는다며 신분증을 돌려줍니다.

저는 은근히 행복해 합니다. 친구들 모임에 가서 슬쩍 자랑하며 웃습니다.

이만하면 저도 꿈을 성취했다고 자족하곤 합니다.

노인의 시간을 사람들은 짧다 하지만 결코 짧지 않습니다.

생활의 모든 짐을 벗었으니 홀가분하지 않습니까.

자유를 보장받았으니 맘껏 꿈꾸세요.

노인이 잘 살아주는 일이 밥값을 제대로 하는 것입니다.

여러분,

모든 일에는 뜻이 있습니다.

노년의 꿈을 지향하는 건 훌륭한 일입니다.

자신이 행복하기 위해서 꿈을 꾸는 것입니다.

자신을 귀하게 대접하기 위해 꿈을 꾸는 것입니다.

확신에 찬 믿음이 최고의 자산이 됩니다.

노인이라는 이름 때문에 망설이지 마십시오.

부디 꿈에게 인색하지 말기를 당부 드리면서 이만 마치겠습니다.

제가 바라본 우리나라는 노인행복시대, 노인복지시대를 맞이하였습니다.

할머니의 암호 3%

스마트한 할머니들이 넘치는 시대에

할머니다운 할머니는 어떤 할머니일까? '노인 한 명이 사라지는 것은 도서관 하나가 불에 타는 것과 같다' 이런 말이 있다. 칠팔십년 쌓인 인생경험 즉 삶의 기술력을 결코 젊은 세대가 외면해서는 안 된다는 뜻이다.

내게는 보이지 않는 매력이 저축되어 있다. 구시대적 교육관이긴 해도 때때로 현대판 교육관을 뛰어넘는 지혜가 그것이다. 사 남매를 길러내며 얻은 교육철학이다. 나의 매력은 '하면 된다' 가 아니고 '안 하면 안 된다'는 의지가 중요하다는 말이다.

나의 아까운 교육바람을 피붙이에게 전달하지 않으면 그도 죄짓는 일 아니겠는가.

내가 편지강사를 하는 이유도 꿈나무들에게 꿈 전도사 같은 역할을 할 수 있기 때문이다. 하물며 내 한 몸이 집안의 한 그루 나무가 되는, 훌륭한 일을 마다할 리 없다. 뼈와 피와 살이 소진되어 기력이 다하는 날까지, 뿌리의 소명을 다 할 것이다.

핵가족의 구성원은 조부모가 빠진 가정을 말한다. 조부모와의 동고동락을 수락하지 않는 시대다. 그만큼 조부모의 입지가 오므라들었다. 집안 전체분위기로는 가족의 일원이긴 하다. 그러나 정작 핵 가정의 정서와 수첩 속에서 조부모는 제외된 인물로 설정되어 간다. 오죽해 근래 가족순위에 보면 강아지 다음 차례가 할머니 할아버지라 했겠는가. 조부모의 현주소다. 디지털시대로 치달릴수록 밑둥 없는 나무처럼 조부모의 존재감이 점점 밀려나고 있다.

문득 '아낌 없이 주는 나무' 동화책이 생각난다, 왜 그 책이 명작인가는 읽어보면 또렷이 알게 된다. 내용을 요약하자면 다음과 같다.

한 그루 나무가 세상에 보여주는 과정과 결과를 사실 그대로 묘사한 글이다. 봄이면 땅속의 양분을 빨아 올려 줄기와 잎을 틔워 꽃을 맺게 하고 여름에 햇빛과 비바람을 먹어 건강한 기운을 뻗혀 무성하게 자라서, 가을에는 달콤한 과즙을 잔뜩 품은 열매로 풍요를 선사하며, 겨울에는 제 몸에 달라붙은 잎사귀를 전부 떨어뜨려 밑알로 썩게 한다. 그 다음은 발가벗은 채 죽은 듯이 긴 겨울잠으로 들어간다.

한 그루 나무가 인간에게 던지는 교훈이랄까. 숨은 듯이 내비치는 나무의 역할이 얼마나 위대한가를 알리는 스토리다.

나무와 인간의 생로병사가 꼭 닮았다. 나무는 사람의 탄생에서 죽음까지의 전체를 아우르고 있다. 불교의 염불 '나무관세음보살'이란 용어도 나무의 맥락에서 비롯된 뜻이라고 들었다.

배고픈 사람에게 양식을 제공하고, 늙어 고단한 사람에게 의자가 되어 휴식을 주는 몫까지, 나무도 사람도 일생의 과정이 결국 아낌없이 나누어 주는 역할로 끝을 맺는다.

나는 손자손녀 일곱 명을 두었다. 어느 자식도 함께 살지 않는다. 손자들 눈에 비치는 나는 홀로 지내며 오다가다 들락거리는 할머니다. 나의 사랑이 손자손녀 쪽으로 기우는 현상은 말리지 못하는 할머니의 성정이다.

자식 때와는 색다른 피붙이 열매들, 쌈지주머니를 열어 복福을 주고 싶게 하는 존재다. 언제나 마주하면 기분이 좋아 활짝 웃게 한다. 내 사랑에 나만 취한다. 핏줄의 흐름의 전형적 모습이다. 천륜의 관계는 조물주가 맺은 특별한 인연 아니겠는가.

나는 자녀들과 동거하지 않아도 늘 준비된 비상용이다. 따로 먹는 국밥이지만 내 손길이 필요하면 아무 때나 급하게 불러대는 119 소방대원이다. 손자일이라면 만사 제치고 쪼르르 달려가는 안성맞춤 도우미다. 이렇듯 할머니 손길을 타지 않은 손자는 없지 싶다. 할머니가 이 세상에서 무엇을 봐서 그리 예쁘겠는가. 아이러니한 것은 어른 된 자식들과 밉네 곱네 미묘한 갈등이 생겨 의견이 엇갈려도, 결국 사랑할 수밖에 없는 손자손녀다. 그래서 할머니는 아무나 하는 게 아니다. 할머니도 진정한 자기 발견으로 격이 승격되는 경우여야 할머니다. 아직은 나를 필요로 할 때 달려갈 수 있으니 더불어 행복하다. 내 성향이 그렇다는 이야기다.

나는 오늘 외손자 초등학교 졸업식에 참석했다. 졸업생 옆자리에 학부모자리가 준비 되었는데, 딸 말인 즉, 외할머니자리란다. 녀석의 보호자는 딸 사위다. 그 자리에 외할머니가 앉을 권리가 있을까. 녀석이 '오늘 할머니께 전할 편지를 썼어요' 라고 한다. 졸업생은 6년 동안 보살펴준 부모에게 마음을 담은 손 편지 전달식이 있었다. 나는 얼결에 손자가 내미는 손 편지를 받고 벅찼다. 손자에게 아빠엄마맘보다 더 큰 맘은 없을 진데, 그 자리에 감히 할머니를 앉혀주다니, 감격해버렸다. 위로 네 명의 손자들이 엄연한데 이렇듯 할머니 의지가 닿았던 적이 없었다. 나는 손자막내와 인연이 닿았다. 나의 뜻이 손자와 통하였다는 것은 엄청난 횡재다. 뿌린 대로 거둔다는 이치는 절대 진리다. 내가 뿌린 것은 3% 의미다. 그것을 꿈이라는 그릇에 담아 넘겨주었을 뿐인데 녀석은 그 기억을 깊이 새겼던 모양이다.

나는 이런 순간이 그냥 좋았다. 보물을 건진 느낌이다. 자식은 부모를 보고 깨쳐야 하고, 부모는 자식을 보고 깨치는 것이다. 현실을 바탕으로 꿈을 꾸어야 한다.

손자는 집안의 꽃이지만 크게는 국가의 재산이다. 3%의 꿈을 지향하며 자신의 내면을 들여다봤다는 어린 녀석에게 칭찬을 아끼지 않았다. 손자의 순수하고 정직한 영혼에게 마냥 손뼉을 보냈다. 다음은 손자가 할머니께 쓴 편지의 내용이다.

친애하는 외할머니께

외할머니,

외할머니 손에 이끌려 초등학교에 입학한 날이 엊그제 같은데 벌써 졸업을 맞이하여 이렇게 편지를 쓰게 되었네요.

외할머니,

항상 철없고 생각도 없었던 저를 바른 길로 인도해 주셔서 정말 감사합니다.

꿈을 가지고 그 꿈을 생각하며 공부하라는 말씀, 저의 마음을 움직이는 계기가 되었어요.

그 전에는 아무런 목표 없이 공부했지만 꿈을 가짐으로써 공부의 목적이 생겼고 그 결과로 공부가 재밌어졌어요. 앞으로도 꿈을 되새기며 공부하는 동현이가 될게요.

제게 소중한 선물을 주셔서 정말 감사합니다.

그럼 안녕히 계세요.

2017년 2월10일 동현올림

할머니를 향하는 마음이 짧고 굵게 잔뜩 담겼다. 그동안 딸네를 오며가며 복으로 전해준 할머니 말의 씨앗이 헛되지 않았다. 청소년시기에 왜 공부를 해야 하는지에 대한 나의 감성이 손자에게 제대로 먹혀 오히려 내가 더 감사했다.

조손간의 사랑이 그저 스치는 바람 같은 사랑일지라도, 나는 그네들을 무척 사랑한다. 곧은 나무로 자라주기를 빌고 빈다. 나의 손자가 이담에 대한민국 주역이 되었을 때를 상상하면 즐겁다. 손자는 반드시 가정과 사회에 이로움을 실천으로 봉사하고, 전달하는 진정한 일꾼으로 거듭 날테니까.

금년은 우리 집안에 경사가 겹겹이다. 외손자 네 명이 고려대학교에, 북과학고에, 안양외고에, 교육청영재선발시험까지 통과했다. 이만하면 충분히 자랑스럽다. 내 몸의 뿌리가 줄기를 탄탄하게 올려 단즙을 머금은 열매의 과정을 역력히 본 셈이다. 할머니지만 항상 역동적으로 살고자 한다. 생각을 표현하고 전달하는 일이 쉽지 않지만, 최대한 나는 그네들에게 할머니의 바른 소신을 알려야 한다. 할머니도 사명감을 놓으면 참된 어른이 될 수 없다. 3% 노력의 결과는 우리 이웃과 어울리며 함께 사람답게 살자는데 목적이 있다.

할머니의 기쁨이란 이런 거다. 외할머니의 교육철학을 귓등으로 흘리지 않고 새겨준 점이 고맙다. 손녀들은 아직 어려서 곱게만 키워야 할지 길을 모색하지 못했다.

동현이는 위로 형들이 많아 쥐어 박히고 맞는 일이 예사다. 형제들의 사랑싸움으로 정신도 몸도 단단해졌다. 외손자 네 명이 졸업과 진학을 되풀이 하는 동안 이렇듯 속 마음을 표현한 손자는 아직 없었다. 그래서 막내 동현이가 더욱 기특하다. 단 한 녀석만이라도 할머니 의지를 파악하여 자신의 것으로 소화해 낸다면 나는 일단 성공한 할머니가 된다.

녀석이 예사롭지 않다는 걸 나는 일찌감치 알아차렸다. 이제 갓 열네 살짜리가 자신의 미래 방향을, 공부를 통해 반듯하게 세우겠다는 점은 매우 훌륭하고 희망찬 기운이다. 지금처럼 바른 정신세계로 정진해 간다면 틀림없이 대한민국의 재목으로 쓰임을 받을 수 있다.

디지털시대에서 아날로그 공식으로 소통하자 하면 꼰대 소리 듣는다. 그렇더라도 내가 윗세대로부터 배워 성장해왔듯이, 나의 훈육정신을 자손에게 살리는데 무슨 이유가 필요하겠는가. 부모가 자식 말 안 듣고 자식이 부모 말 안 듣는 시대라 해도 망각해선 안 되는 것까지 팽개쳐선 안 된다. 스스로 목표를 정한 녀석을 믿고 지그시 봐주는 것이 어른의 처신이다.

할머니 매력을 편지 꽃으로 피워준 동현아, 졸업을 축하한다. 오늘 진짜 근사하고 멋졌어!

언제나 너 자신을 믿고 의기양양하게 씩씩하게 자신감 있게 너를 이끌어 가거라. 꿈의 길을 꽉 붙들고 한 발 한 발 헤쳐가기를…. 책걸상과 한 몸이 되어 게으르지 않으면 결국 꿈은 네 편이 되어 줄 것이야. 세상에 꾸준한 노력을 이기는 것은 지구상 어디에도 없었단다. 알았지. 외할머니가 늘 빌어줄게 파이팅♡

동현아, 우리의 암호 3% 기억하기….

저자 약력

경력

1994~ 현재 동서문학 (동서문인활동 및 작품활동)

1999~ 현재 월간문학(한국문인활동 및 작품활동)

1999~ 현재 한국예총 (예술작가 활동 및 작품활동)

2000~ 현재 과천문학(과천문인활동 및 작품활동)

2010~ 현재 편지로 여는 세상(우정사업본부소속)
(사)한국편지가족, 편지지도 및 작품활동)

2011~ 현재 사람과 세상사이(경인지방우정청 편지지도 및 작품활동)

2006~ 2013 국사편찬위원회 사료관 고서정리 봉사

2016~ 현재 과천시립 어린이집 동화구연 활동

저서

2000　안으로 거느린 행복(도서출판 피카소)

2001　지천명, 발가벗은 동심(도서출판, 청연)

2002　MIT 공대로 보내기까지(건강신문사)

수상

1992~93 한국문예진흥원 전국여성백일장 산문부 장원

1994 국민사이버문학상

1994 노천명문학상수필 대상

1995 월간주택저널, 내집마련 체험수기 대상

1995 MBC 신춘문예 편지쇼 은상 수상

1995 월간 샘터 인간승리상

1995 월간 '행복 에세이 대공모' 대상

1996 한국관광수필 우수상

1996 '하나은행' 탄생기념 하나 글 잔치 우수상

1996 불교방송 백일장 버금상

1996 전국모자가정 생활수기공모 우수상

1996 퀴즈공모 대상

1996 KBS 재활용 공모 대상

KBS 자녀교육 공모 동상

1999 한국예총, 예술세계 신인상 등단

2011 보건복지부, 에세이 8만시간디자인공모전 우수상

2013 사)한국편지가족, 편지 쓰기 지도 공로상

2014 한국예술총연합회, 과천 올해의 예술인 수상

2015 과천문학, 율목문학상 수상

2016 법보신문, 바라밀상 수상

비움과 이룸 그리고 상위 1%의 기적

1판 1쇄_ 2017년 02월 11일

지은이_ 차갑수
발행인_ 윤승천
발행처_ 건강신문사

등록번호_ 제25110-2010-000016호
주소_ 서울특별시 은평구 가좌로 10길 26
전화_ 02-305-6077(대표)
팩스_ 02)305-1436 / 0505)115-6077

값_ 15,000원
ISBN 978-89-6267-084-4 03810